SCHÖNE HEIMAT

Traditionelle Küche wiederentdeckt
und neu interpretiert

für Charlie

und für Madru, Leo, Cosi,
Lucy und Brenda,
ihre Generation und alle, die kommen

von Kit Schulte
Fotos von Nora Novak
Illustration von Claire Cook

CALLWEY

INHALTSVERZEICHNIS

ÜBER DIESES BUCH

IN DIESEM BUCH FINDEST DU

- Eine Erkundung der großen Vielfalt saisonaler Kräuter- und Gemüsesorten, die in der deutschen Küche verwendet werden, einschließlich wild gesammelter Pflanzen

- Den Ansatz, traditionellen Rezepten eine frische und moderne Note zu verleihen, vegane und vegetarische Alternativen zu traditionellen Rezepten

- Einen persönlichen Einblick in die kulinarische Geschichte Deutschlands, mit Beschreibungen zu den Wurzeln der Produkte, zu Rezepten und Traditionen

- Eine Ermutigung zum Experimentieren

- Den Ansporn, köstliche Dinge von Grund auf, ohne vorgefertigte Industrieprodukte, zuzubereiten

NICHT IN DIESEM BUCH FINDEST DU

- Rezepte mit überwiegend fleischlastigen, klischeehaften deutschen Bestandteilen, also etwa Schweinshaxe mit Sauerkraut

- Rezepte, die vorverpackte industrielle Lebensmittel als Zutaten auflisten

- Wissenschaftlich geprüfte Angaben zu essbaren Wildpflanzen

NEUE REGELN

- Fokus auf feldfrische biologische oder naturbelassene regionale und saisonale Produkte

- Gezielte Verwendung von Butter und Sahne als Geschmacksverstärker und nicht als Grundlage für Saucen oder als Einsatz als Kochfett

- Verzicht auf Fleisch- und Milchprodukte in traditionellen Rezepten

- Gemüse als Mittelpunkt eines Gerichts

- Keine Verwendung von vorverpackten industriellen Zutaten

MASSEINHEITEN

EL	=	Esslöffel
TL	=	Teelöffel
l	=	Liter
ml	=	Milliliter
g	=	Gramm
kg	=	Kilogramm
°C	=	Celsius

SYMBOLE

 = glutenfrei

 = vegan

 = vegetarisch

Da der Mensch nun einmal so beschaffen ist, Herz, Körper und
Gehirn alle miteinander vermengt und nicht in
getrennten Behältnissen untergebracht [...], ist ein gutes
Dinner von großer Bedeutung für ein gutes Gespräch.
Man kann nicht gut denken, gut lieben, gut schlafen, wenn
man nicht gut gespeist hat.

Virginia Woolf
aus „Ein eigenes Zimmer"

VORWORT

Was ist eigentlich die zeitgenössische Esskultur in Deutschland, wenn man sie von außen betrachtet? Welche Traditionen haben die Deutschen, und was hat sich in den letzten 50 Jahren geändert?

Durch meinen langjährigen Aufenthalt in den USA, quasi meiner zweiten Heimat und Zweitwohnsitz, habe ich mich lange mit dieser Frage beschäftigt. Ich habe dieses Buch mit Blick auf ein englischsprachiges Publikum geschrieben. Es richtet sich an alle, die sich für eine innovative, frische und moderne deutsche Küche interessieren – für gelegentliche Deutschland-Besucher ebenso wie für kürzlich Zugezogene oder dauerhaft hier lebende Kochfreunde. Die meisten englischen Bücher zur deutsche Küche neigen dazu, die stereotypische Vorstellung zu betonen, dass deutsches Essen ausschließlich aus Schnitzel, Sauerkraut, Bratwurst, Spätzle usw. besteht. Heutzutage sehen wir jedoch, vor allem in Großstädten und urbanen Gebieten, einen Trend zur regionalen, frischeren und moderneren Küche, die eine Vielzahl nachhaltiger und gesunder Zutaten verwendet.

Dieses Buch erschließt die Welt der regionalen, saisonalen und zeitgenössischen Küche Deutschlands. Ein persönlicher Rückblick auf die kulinarischen Traditionen und handwerklichen Methoden der letzten etwa 50 Jahre ließ mich traditionelle Gerichte, vergessene Geschmäcker und nachhaltige Methoden wiederentdecken. Was einst für meine Großeltern zum kulinarischen Alltag gehörte, wie das Sammeln und Verarbeiten von Wildkräutern und Pflanzen, ist plötzlich zu einem hippen, zeitgenössischen Trend geworden. Doch ist gerade in den USA viel Wissen darüber verloren gegangen.

Indem ich den Schwerpunkt auf Gemüse und Kräuter lege, interpretiere ich traditionelle fleisch- und milchlastige Rezepte neu und verwandle sie in frische, gesündere Gerichte, oft mit gesammelten Wildpflanzen und Wildkräutern verfeinert. Ich hoffe, ich kann dich mit der Perspektive von außen nach innen zum Nachdenken über unsere eigene Esskultur animieren – und so auch zum Experimentieren mit wilden Aromen und Rezepten.

In diesem Buch konzentriere ich mich auf die Vielfalt saisonaler Gemüsesorten und verwandle einige traditionelle Fleischgerichte in herzhafte vegetarische oder vegane Alternativen. Gemeinsam gehen wir auf eine Reise, um die frischen, köstlichen und gesunden Wurzeln der traditionellen deutschen Küche zu finden.

Meine Geschwister, meine Mutter und ich beim Sonntagsfrühstück im Jahr 1970. Fast alles war ausgepackt und auf Platten angerichtet: geräucherter und gekochter Schinken, Leberpastete, Weichkäse, Butter, gekochte Eier und Toast.

Seit den 1860er-Jahren ist es in deutschen Familien der Oberschicht (und auch in solchen, die danach strebten, zur Oberschicht zu gehören) üblich, an Sonn- und Feiertagen Porzellangeschirr mit dem bekannten „Zwiebelmuster" zu verwenden; es wurde ursprünglich 1740 von der Meissen Porzellanmanufaktur hergestellt.

WIE ICH ZUM FOODIE WURDE

Ich bin in Arnsberg aufgewachsen, einer kleinen westfälischen Provinzstadt inmitten der alten Bundesrepublik Deutschland. Meine Mutter führte den Haushalt für eine siebenköpfige Familie. Sie kochte klassisches deutsches Essen nach regionalen Rezepten, entweder von meiner Großmutter überliefert oder aus deutschen Kochbüchern entnommen. Diese traditionelle Erziehung bedeutete drei Mahlzeiten am Tag: Frühstück, Mittagessen und Abendbrot.

Frühstück war und ist immer noch eine aufwendige Angelegenheit in ganz Deutschland, besonders sonntags. Meine Familie versammelte sich um einen gedeckten Tisch, darauf Aufschnitt, Käse, gekochte Eier, Brötchen, Toast, selbst gemachte Marmelade, Quark, Zuckerrübensirup und Nutella. An Wochentagen, wenn wir frühmorgens zur Schule eilen mussten, lieferte uns der örtliche Bäcker eine riesige Tüte warmer Brötchen an die Tür, die wir schnell mit einem der oben genannten süßen Aufstrichen aßen.

Das Mittagessen war die wichtigste Mahlzeit des Tages. An Wochentagen wurde es um 13 Uhr serviert, wenn unser Vater seine Mittagspause machte und wir Kinder von der Schule nach Hause kamen. Es bestand in der Regel aus zwei Gängen: einem warmen Hauptgericht und einem Nachtisch, z. B. Joghurt oder Obst. Meistens gab es Schweinefleisch in allen Variationen, begleitet von Kartoffeln, Kohl, Blumenkohl, Kohlrabi, grünen Bohnen, Lauch oder im Sommer Salat. Meine Mutter servierte auch Suppen und Eintöpfe.

Wie viele andere deutsche Ehefrauen und Mütter nach 1955 kochte meine Mutter Gerichte, bei denen das Fleisch immer die Hauptrolle spielte, Gemüse und Kartoffeln nur eine Nebenrolle: Würstchen, Schweinekoteletts, Schnitzel, Braten, Gulasch, Leberkäs etc., dazu eine Beilage. Und da meine Mutter weder Nudeln noch Reis mochte, haben wir immer Kartoffeln gegessen. Als Kind habe ich deshalb geglaubt, dass Kartoffeln aus Deutschland stammen. Erst viel später und zu meiner großen Überraschung habe ich erfahren, dass sie von spanischen Kolonialisten aus Südamerika nach Europa gebracht wurden. Aber das ist eine andere Geschichte .

Im Sommer gab es bei uns Gurken, Blatt- und Tomatensalat. Meine Mutter und ich waren die Einzigen in der Familie, die Pilze liebten, und so waren frische Pfifferlinge oder Steinpilze im Spätsommer und Herbst ein rarer Genuss. Rot- und Weißkohl, Wirsing und Rosenkohl wurden im Herbst und Winter (über)gekocht serviert. Im späten Frühjahr und Sommer wurde es dann wieder frischer, wenn Kohlrabi, Blumenkohl und Lauch erneut auf dem Speiseplan standen.

Eine siebenköpfige Familie in einem großen Haus zu managen und dabei ein Niveau zu halten, das Ehemann, Nachbarn und Freunde beeindruckte, machte sich meine Mutter zur Aufgabe. Es war ihre Leidenschaft, aber auch ihr Fluch. Frische Produkte und selbst zubereitete Speisen hatten für sie keine Priorität, da der Einkauf und die Zubereitung viel Zeit und Mühe kosteten. Stattdessen ließ sie Tiefkühlkost liefern, füllte eine Vorratskammer mit Konserven, und einmal im Jahr fand ein ganzes Schwein, das bereits in Stücke zerlegt war, ein neues Zuhause in unserer XXL-Tiefkühltruhe.

Das Abendbrot war oft eher eine Laissez-faire-Angelegenheit. Meine Mutter bereitete eine große Platte vor, darauf mit Käse und Aufschnitt belegte Brotscheiben, manchmal zusätzlich mit Gurkenscheiben. Wir durften während des Essens fernsehen – Zeichentrickfilme und amerikanische TV-Serien der 1970er-Jahre.

Mein Vater wuchs auf einem Bauernhof auf und erbte eine tiefe Leidenschaft für die Natur und ein ausgeprägtes Naturbewusstsein. Wenn er nicht gerade als Ingenieur arbeitete, kümmerte er sich um seine Forellenzucht mit drei Teichen, um seinen Bio-Gemüsegarten und fand fast täglich Zeit für Waldspaziergänge.

Mit zehn Jahren lernte ich, eine Forelle zu fangen, zu töten und zu säubern. Als Kind war das eine aufregende Aufgabe, die immer mit dem Verzehr der geräucherten, gekochten oder gebratenen Forellen endete. Viele Freunde meiner Eltern waren Jäger, und so wurden Forellen gegen Reh, Wildschwein, Kaninchen und manchmal Fasan getauscht. Das Fleisch wurde eingefroren und von meiner Mutter an Feiertagen oder zu anderen besonderen Anlässen zubereitet.

Ich verließ meine Heimatstadt und Deutschland mit 17 Jahren als amerikanische Austauschschülerin in Missouri. Meine Gastmutter war ebenfalls Deutsche und mit einem ehemaligen amerikanischen Offizier verheiratet, den sie nach dem Krieg in Frankfurt kennengelernt hatte. Das Essen in Missouri war dem, was ich von zu Hause kannte, sehr ähnlich. Ausnahmen waren Hamburger, Hotdogs und so etwas wie Deutscher Schokoladenkuchen (eine amerikanische Erfindung).

Ich verlängerte meinen Aufenthalt, um in Atlanta, Georgia, Kunst zu studieren. Hier verliebte ich mich in einen Kunststudenten, der zum Koch ausgebildet war. Als wir zusammen in eine WG gezogen waren, nahm er mich zu einem riesigen überdachten Bauernmarkt mit. Mein erster Besuch dort hinterließ einen tiefen Eindruck und veränderte meine Beziehung zum Essen und zu Lebensmitteln von Grund auf. Wir kauften Zutaten für ein einfaches, frisches Gericht, darunter eine meiner damals absoluten Lieblingskombinationen: frische Fettuccine-Nudeln mit frischem

Die Fischteiche meines Vaters im Sauerland.

Meine Großmutter väterlicherseits beim Salatpflücken, ca. 1950.

Meine Großmutter mütterlicherseits bereitet Spargel-Schinken-Röllchen vor, ca. 1975.

Estragon und Jakobsmuscheln in Weißweinsoße. Nach dieser Erleuchtung hörte ich auf, Fleisch und Kartoffeln zu essen, und stürzte mich kopfüber in die vegetarische Küche.

Ich erinnere mich gut an mein erstes vegetarisches Kochbuch, „The Enchanted Broccoli Forest" von Molly Katzen. Es inspirierte mich, Geschmäcker aus fernen Kulturen zu erforschen, und ich erstellte lange Listen mit Gewürzen, die ich kaufen wollte, und träumte von exotischen Gerichten. Ein weiteres Jahr in Kalifornien war für mich der Beginn eines ganz neuen Kapitels: die Entdeckung der mexikanischen Küche.

Nach meiner Rückkehr und einem Studium in Berlin zog es mich erneut nach San Francisco, wo ich 13 Jahre blieb. In Kalifornien gab es eine große Auswahl an frischen biologischen Produkten, die ich oft in der Berkeley Bowl, einem berühmten Bauernmarkt, besorgte. Wenn Heimweh gelegentlich Heißhunger

auf deutsches Essen auslöste, gab es zum Glück *Lehr's German Specialties* in San Franciscos Noe Valley. Dieser kleine Laden hatte fast alles, was man zur Befriedigung dieses Heimweh-Hungers brauchte: Quark, Landjäger, Rollmops, Bahlsen Butterkekse (um Kalten Hund zu machen), Kinder Schokolade, Hanuta und eine große Auswahl an Haribo Gummibärchen.

Schließlich zog ich wieder zurück nach Deutschland und wohnte in der Nähe des Winterfeldtplatzes in Berlin-Schöneberg, wo einer der berühmtesten Bauernmärkte der Stadt, der Winterfeldtmarkt, jeden Mittwoch und Samstag stattfindet. Jahrelang hatte ich alle möglichen Küchen, Lebensmittel und Gewürze kennengelernt, aber ich war erstaunt, wie vielfältig das Angebot an Gemüse und Obst in meinem Heimatland ist. Hatte ich etwas verpasst? Wann hatte sich das deutsche Essen über Bratwurst, Kartoffeln und Sauerkraut hinaus entwickelt?

Ich begann, mich intensiver mit der traditionellen deutschen Küche zu befassen, erinnerte mich an Rezepte, mit denen ich aufgewachsen war, und lernte Gerichte kennen, die meine Mutter nie gekocht hatte. Mein neuer Fokus waren frische, regionale und saisonale Bio-Produkte anstelle von Fleischgerichten, begleitet von zerkochtem Gemüse und Kartoffeln.

Das traditionell gekochte deutsche Essen ist schwer und ungesund – nicht wegen der Zutaten, sondern weil das Gemüse meist zuerst zerkocht und dann in zu viel Sahne und Butter ertränkt wird, sodass ein schwerfälliger, beigefarbener Brei entsteht. Das muss nicht so sein!

Als Resultat meiner anhaltenden Leidenschaft für Kulinarik habe ich ein Business in Berlin gegründet. *Schöne Heimat – a culinary exploration of Berlin & Beyond*". Mit dieser Kombination aus Markttour, Kochkurs und Lunch für englischsprachige Touristen habe ich ein Format gefunden, um meine Leidenschaft und das angelernte Wissen über unsere Esskultur zu teilen. Ich habe mich trotz des Missbrauchs des Wortes „Heimat" durch die Nazis dafür entschieden, es zu benutzen. Es ist ein wunderbares Wort, das zahlreiche Bedeutungen beinhaltet und besonders geeignet ist, um kulinarische Erinnerungen, Geschmäcker und Gerüche zu beschreiben. Ich hoffe, meine Verwendung von „Heimat" kann dazu beitragen, diese in ein anderes Licht zu rücken.

„Schöne Heimat – a culinary exploration of Berlin & Beyond" richtet sich an alle, die einen authentischen und modernen Einblick in den kulinarischen Lebensstil Berlins suchen und ihre Reiseerfahrungen bereichern wollen, jenseits der unpersönlichen Touren und klassischen Touristenattraktionen.

Ich hoffe, dass ich dich mit diesem Buch zu einer Wieder- oder Neuentdeckung unserer Esskultur inspirieren kann, denn: Essen ist mehr, als unseren Hunger oder unsere Gelüste zu stillen. Essen ist eng verwoben mit Geschichte, Kultur, dem Land, Jahreszeiten, Wetter, Politik, der Gesundheit unseres Körpers und unserer Agrarkultur. Die moderne deutsche Küche umfasst Ideen und Praktiken, die ein breites gesundheits- und umweltbewusstes Publikum ansprechen. Bio-Diversität, nachhaltige Landwirtschaft, Ernährung, Tierschutz und die wirtschaftlichen Interessen von Unternehmen und ländlichen Gemeinden sind in Deutschland, wie auch an vielen anderen Orten der Welt, Teil eines wichtigen aktuellen Dialogs.

WAS IST ÜBERHAUPT DEUTSCHES ESSEN?

Einflüsse aus den Nachbarländern und Regionen im kulinarischen Deutschland

Bevor Deutschland das Land war, das wir heute kennen, war es ein Landstrich, bewohnt von deutschsprachigen Menschen, Mitteleuropäern nördlich der Alpen. Im 19. Jahrhundert vereinigte Otto von Bismarck die zahlreichen Grafschaften deutschsprachiger Königreiche, Herzogtümer, Fürstentümer, Städte und Bistümer zu einer Nation. Kulinarische Spuren hinterließen nicht nur die römischen und die französischen Besatzungsarmeen oder spanischen Herzöge, die in regionale Adelshäuser einheirateten, sondern auch Kaufleute und andere Reisende, die auf alten Handelsrouten unterwegs waren.

Innerhalb Europas ist Deutschland zentral gelegen, umgeben von den nordischen Ländern sowie Polen, Tschechien, Österreich, der Schweiz, Italien, Frankreich, Belgien und den Niederlanden. Die geopolitischen Faktoren haben die deutsche Küche in Vergangenheit und Gegenwart beeinflusst und spiegeln die einzigartigen kulinarischen Kulturen wider, die durch die Geschichte Europas selbst entstanden sind.

Deutsche Küche beinhaltet eine Palette regionaler Rezepte und kulinarischer Traditionen, die das Land je nach Jahreszeit und Region zu bieten hat. Gleichzeitig prägt der Einfluss der Nachbarländer viele Gerichte: Kaufleute, Einwanderer, Besucher und Zeitarbeiter machten sich deutsche Rezepte zu eigen und teilten fremde Esskulturen mit ihren deutschen Nachbarn.

Zahlreiche traditionelle regionale Gericht ähneln sich, tragen aber häufig abweichende Namen und sind vielleicht etwas unterschiedlich in Zutaten und Beilagen. Oft beinhalten die Namen der Gerichte die Namen der Städte oder Landschaftszüge; somit ist auf einmal ein Gericht, welches eigentlich überall in Deutschland gegessen wird, eine regionale Spezialität. Die Bibbelschesbohnesupp im Saarland etwa ist der Schnippelbohnensuppe aus Westfalen sehr ähnlich, beide Eintöpfe benutzen grüne Stangenbohnen, Kartoffeln, wahlweise Möhren sowie Fleisch oder Wurst.

In gewisser Weise wurde die kulinarische Kultur Deutschlands auch von der Politik bestimmt. Während der deutschen Teilung (1949–1990) zum Beispiel haben sich die westdeutsche und die ostdeutsche Küche ebenso wie die verwendeten Lebensmittel unterschiedlich entwickelt. So wurde allein wegen des Angebotsmangels im Osten anders gekocht; kulinarische Einflüsse aus Russland, Polen, Bulgarien und anderen Ländern des Sowjetblocks taten ein Übriges. Dies bedeutete, dass bestimmte Geschmacksrichtungen, Rezepte und kulinarische Traditionen, die in den westdeutschen Bundesländern unbekannt waren, in Ostdeutschland zu Klassikern wurden.

Ebenso brachten türkische Einwanderer in Westdeutschland ihre Lebensmittel mit in die kulinarische Landschaft ein, vor allem den Döner Kebab, ein Gericht, das heute mit zum deutschen Essen zählt und ein beliebtes Streetfood ist. Und was wäre Deutschland ohne die vielen italienischen Restaurants und Eisdielen?

Bis in die 1990er-Jahre waren die Gourmetgerichte in deutschen Restaurants französischen Ursprungs. Der Trend, raffinierte deutsche Gerichte zu servieren, ist eine sehr junge und spannende Entwicklung.

Heute gibt es in Deutschland einige der weltbesten Restaurants mit Michelin-Sternen. Alte Rezepte werden wiederentdeckt und verändert; die Nachfrage nach alten Obst- und Gemüsesorten, oft als Bio-Produkte angebaut, wächst; Wildkräuter und essbare Wildpflanzen liegen im Trend und erleben sowohl in der Küche als auch in der Medizin eine Renaissance.

DER SÜDEN

BAYERN
BADEN-WÜRTTEMBERG
RHEINLAND-PFALZ
SAARLAND

Bayern grenzt im Süden an die Schweiz und Österreich, im Osten an die Tschechische Republik – Einflüsse, die in der bayerischen Küche nicht zu übersehen sind.

Die deftig-rustikale bayerische Küche ist bekannt für Wurstspezialitäten, Brotzeiten, Bratengerichte, Knödel und Nudelgerichte sowie für frisches Brot, Süßspeisen und Desserts. Weißwurst, Leberkäs und Brezen sind überall in der Region zu finden.

Interessant ist, dass in bayerischen Kochbüchern und bei Herstellern bayerischer Produkte mehr Wildkräuter verwendet werden als in anderen Regionen – nicht zuletzt dank der satten Alpenwiesen, die ein hervorragendes Umfeld bieten für das üppige Gedeihen lebhafter und frischer Kräuter.

Franken, eine Region in Nordbayern, ist vor allem für seine Lebkuchen bekannt. Nürnberg, die Welthauptstadt des Lebkuchens, verschickt das mit Honig gewürzte Gebäck in die ganze Welt und tröstet die heimwehkranken deutschen Herzen zur Weihnachtszeit.

Ebenso ist Franken ist für seine Weine und Biere berühmt. Die Fränkische Weinstraße verläuft auf beiden Seiten des Mains, und speziell im Bezirk Oberfranken gibt es mehr Brauereien pro Quadratkilometer als irgendwo sonst auf der Welt. Prost!

Baden Württembergs südwestliche Grenzregionen zu Belgien, Luxemburg und dem Elsass sind logischerweise von der französischen Küche beeinflusst. Flammkuchen, Spätzle und gefüllte Maultaschen gehören zu den berühmten Gerichten aus dieser Region, oft begleitet von einem schönen badischen Pinot Grigio. Diese sonnenverwöhnte Gegend ist das drittgrößte Weinanbaugebiet Deutschlands. Gesunde Böden und ein nördlich-mediterranes Klima bieten hervorragende Bedingungen für die Erzeugung feiner Weine.

Flussfische wie Forelle und Aal sind im Südwesten eine begehrte Zutat. Der in ganz Deutschland geschätzte Schwarzwaldschinken wird gesalzen, luftgetrocknet und manchmal geräuchert.

Kappessupp

Obazda

Weißwurst
Leberknödelsuppe
Leberkäs
Nürnberger
Rostbratwurst
Schweinshaxn
Germknödel mit Vanillesauce
Apfelkücherl
Bayerisch Creme

Dampfnudeln

Ausgeschebbde
Backesgrumbeere
Flammkuchen
Fleeschknepp
Grumbeerpannekuche
Grießknepp
Rostige Ritter

Dibbelabbes

Schwenkbraten
Lyoner Ringwurst
Geheirade
Bettsejer Salat
Pälzer Grumbeerwaffeln
Plattgeschmelzde
Eierschmeer
Bibbelschesbohnesupp
Krustenbraten

Semmelknödel

DER NORDEN

SCHLESWIG-HOLSTEIN
HAMBURG
BREMEN
MECKLENBURG-VORPOMMERN
NIEDERSACHSEN

Norddeutschland besitzt lange Küsten mit zahlreichen Inseln im Nordosten und Nordwesten. Sie bieten eine Fülle an Fisch und Meeresfrüchten wie Hering, Flunder, Steinbutt, Hummer, Muscheln und Austern. Dank der zahlreichen Flüsse und Seen im Landesinneren sind in der Region auch Süßwasserfische und Flusskrebse heimisch. Wie in jeder Küstenregion auf der Welt hat auch Norddeutschland zahlreiche regionale Fischgerichte. Die Küchen Hamburgs, Bremens, Schleswig-Holsteins, Mecklenburg-Vorpommerns und Niedersachsens prägen den kulinarischen Norden.

Das Flachland eignet sich hervorragend für die Aufzucht von Salzwiesenlamm und -schwein. Die vielen saftigen Wiesen bieten der Landwirtschaft optimale Bedingungen für die Herstellung von handwerklich hergestelltem Käse und anderen Milchprodukten. Auf den sandigen Böden gedeihen Spargel und Erdbeeren, rund um die Dünen reifen stachelige Sanddornsträucher mit leuchtend orangefarbenen, vitaminreichen Beeren. Die „Zitrone des Nordens" mit ihrem säuerlichen Geschmack und ihrer leuchtenden Farbe wird zu Likören, Konfitüren, Süßigkeiten und Beerenweinen verarbeitet.

Birne-Bohnen-Speck
Grünkohl mit Kasseler
Schweinebacke
Saure Rolle
Mehlbüdel
Rübenmalheur
Hosteiner Rübenmus
Sauerfleisch
Fliederbeersuppe
Swattsuer
Großer Hans
Dithmarscher Mehlbeutel
Mädchenröte
Förtchen
Munkmarscher Muscheltopf
Kalbfleischpudding
gefüllte Schweinebrust
Freisener Bohnensuppe
Kieler Sprotte

Bremer Kluten, Knipp, Wickelkuchen, Babbeler,
Bremer Kaffeebohne, Braunkohl und Pinkel, Bremer Scheerkohl,
Kloppschinken, Topfleberwurst, Schwemmklöße, Backfisch,
Buttermilchkartoffeln, Schwarzbrotpudding, Matjes, Krüllkuchen
Piepsteine, Celler rohe Roulade, Welfenspeise, Franzbrötchen
Wendländische Hochzeitssuppe, Söötsuur, Fischbrötchen
Hamburger Aalsuppe, Resteessen, Bremer Kükenragout, Grützwurst,
Kemm'sche Kuchen, Pannfisch, Steckrübeneintopf, Ochsensteert
Schwarzsauer, Himmel-Erde-Hölle, Kohlrouladen, Sanddorntorte,
Tüffel un Plum, Schmandpudding, Schwedeneisbecher,
Honigkuchen auf dem Blech, Weiße Pfeffernüsse,

Ammerländer Aal
Altländer Apfelsuppe
Buchweizen-Blini
Eichsfelder Weihnachtsstollen
Grünkohlpraline
Krabbenbrötchen

DER MITTLERE WESTEN

WESTFALEN
HESSEN

Die westfälische Küche zeichnet sich durch eine Fülle von Fleisch, Gemüse, Getreide und Süßwasserfisch aus. Bohnen, Erbsen, Kartoffeln und Grünkohl sind weitverbreitet.

Westfälischer Pumpernickel ist ein typisch dichtes, leicht süßliches Roggenbrot, das traditionell mit Sauerteig hergestellt wird. Dieses Vollkornbrot, das 16–24 Stunden in einem mit Dampf gefüllten Ofen bei niedriger Temperatur gebacken wird, ist, belegt mit Käse, Aufschnitt, Lachs, Hering oder geräucherter Forelle, eine einzigartige und köstliche Vorspeise für das Abendbrot.

Hessen, in der Mitte der alten Bundesländer gelegen, zeichnet sich durch seine hügelige Landschaft und die Wälder außerhalb der Hauptstadt Wiesbaden und der Metropole Frankfurt aus. Die hessische Küche ist stark von den umliegenden Regionen beeinflusst, und es werden alltägliche Gerichte sowohl aus dem Norden als auch aus dem Süden aufgetischt.

Da ich frische Kräuter liebe, ist die berühmte Frankfurter Grüne Sauce zu einem Grundnahrungsmittel für mich geworden. Sie besteht aus mindestens sieben frischen Kräutern, die mit Senf, Zitrone und saurer Sahne vermischt werden. Eine köstliche Sauce, von der ich immer reichlich vorbereite! Es gibt auch einen besonderen handgemachten Käse – Handkäs oder Harzer Käse (in Anlehnung an die bewaldete Hochlandregion Harz) –, der sich durch den Kümmelgeschmack und seine Sauermilchbasis auszeichnet und besonders fettarm ist.

Knabbeln

Blindhuhn
Leberbrot Beulches
Blutgemüse Dippehas
Gebildbrot Spitzbuben
Graupensuppe Duckefett
Hasenpfeffer Weckewerk
Pumpernickel Rübenwurst
Eisernwaffeln Speckkuchen
Apfel im Schlafrock Quellfleisch
Frankfurter Grüne Sauce Krautshäuptchen
Westfälische Rinderwurst Frankfurter Rippchen
Kartoffelpuffer Frankfurter Linsensuppe
Spanisch Frikko Struwen Frankfurter Gräbnis
Pfefferpotthast Dulges Schinkenbegräbnis
Nieheimer Käse Brenten Schinkelche
Pillekauken Woihinkelche
Pludermilch Zwiebelkuchen
Schlackwurst Stilmuseintopf
Sauerbraten Bethmännchen
Salzkuchen Haddekuche
Wurstebrei Stippgrütze
Stutzweck

Panhas

DER OSTEN

SACHSEN
SACHSEN-ANHALT
THÜRINGEN
BRANDENBURG
BERLIN

Die Küche im Osten Deutschlands ist geprägt von den eher flachen Landschaften, mit Wäldern, Feldern, Flüssen und Seen. Man findet eine Vielzahl an Obst- und Gemüsesorten, und ausgedehnte Baumbestände bieten Lebensraum für Rehe, Wildschweine und Kaninchen. Pflanzen wie der Bärlauch sowie Pilze und Beeren bringen eine Fülle von Zutaten hervor, die den Gaumen verwöhnen.

In den unzähligen Seen und Flüssen tummeln sich Forellen, Hechte und Karpfen, während die umliegenden Ebenen ein ideales Brutgebiet für Tausende von Wildenten und Gänsen bereitstellen. Brandenburg ist bekannt für sein Getreide und für die Obstplantagen und Gärten voller Äpfel, Kirschen, Birnen und Pflaumen. Auch bestimmte Gemüsesorten aus der Region machen ihren Weg in die überregionalen Küchen, z. B. Teltower Rübchen, Beelitzer Spargel oder Weimarer Zwiebeln.

Die Essgewohnheiten in Sachsen, Sachsen-Anhalt und Thüringen repräsentieren bis heute die „DDR-Küche" – zum einen, weil sich die kulinarische Kultur in den von der Sowjetunion besetzten Gebieten nicht so schnell entwickelte wie im Westen, zum anderen, weil es schlichtweg an Zutaten mangelte: Lebensmittel waren nicht immer in Hülle und Fülle vorhanden, feines Fleisch und exotische Früchte waren oft rationiert und galten als Luxus. Da die Menschen gezwungen waren, mit den vorhandenen Zutaten zu improvisieren und sich mit den Grundnahrungsmitteln zufriedenzugeben, könnte man sagen, dass die „DDR-Küche" in gewisser Weise eine Fortführung der deutschen kulinarischen Traditionen der 1920er- und 1930er-Jahre war.

Nackte Maadle

Klump

Wittenberger Quarkkreppel

Wruken

Dresdener Wiegebraten

Zudelsupp

Radeberger Bierfleisch

Bruetsupp

Bötel mit Lehm und Stroh

Geschmink

Pellkartoffeln

Thüringer Rostbratwurst

Bregenwurst

Saalfelder Detscher

Knieperkohl

Quarkhäufchen
Griene Gliese

Gebackene Kloßscheiben

Wickelklöße

Schwammespalken

Beelitzer Spargel

Uckerkaas

Griegeniffte
Erdeppelsupp
Eingeschnittenene
Dresdener Stollen

Hefeklöße mit Blaubeere

Biersuppe

Eberswalder Spritzkuchen

Neunerlei

Quarkhäufchen

Sorbische Hochzeitsuppe

Klemmkuchen

Halloren Kugeln
Burger Knäcke
Eier in Senfsoße
Hackepeter

Uckermärker Apfelbrot

Baumkuchen

Kartoffelplinsen

Bienenstich

Schwammebrie

Märkischer Topf

Pottsuse

Eierschecke
Saure Flecke

Mahl-Zammette

Uckerkaas

Spreewälder Gurken

Maräne

BERLINER KÜCHE

Berlin mit Blick auf den Tiergarten

Die traditionelle Berliner Küche war eine einfache Küche, die sich auf ein herzhaftes und sättigendes Essen konzentrierte und nicht auf die Verfeinerung des Geschmacks. Die brandenburgische Küche ist von Einwanderern aus Schlesien (im heutigen Polen gelegen, mit kleinen Teilen, die zu Ostdeutschland und der nördlichen Tschechischen Republik gehören), Böhmen (in der Tschechischen Republik gelegen) und Ostpreußen (heute Teil von Polen und Lettland) beeinflusst. Typische Zutaten waren Schweinefleisch, Gans, Fische wie Karpfen, Aal und Hecht, Kohl, Linsen, Erbsen, Bohnen und Pastinaken, Gurken und Kartoffeln. Komplizierte Zubereitungen oder eine raffinierte Verwendung von Gewürzen waren einfach nicht das Markenzeichen der Berliner Küche.

Da die Bevölkerung Berlins erst im 18. und 19. Jahrhundert stark anstieg, war die Stadt ein Durchgangs-ort für Menschen aus verschiedenen deutschsprachigen Regionen und andere Europäer. Es wird angenommen, dass die Hugenotten – französische calvinistische Protestanten – den Berlinern Blumenkohl, grüne Erbsen und Spargel brachten, wodurch die Auswahl bisheriger Gemüse (vor allem Kohl und Pastinaken) erweitert werden konnte. Friedrich II. befahl den Bauern 1750, Kartoffeln anzubauen. Eine Kombination aus einer Salzsteuer und einem hohen vorgeschriebenen Mindestverbrauch führte zu einer Verbreitung von Salzpökelwaren und eingelegten Lebensmitteln wie Salzgurken und eingelegten Heringen (Rollmops).

Zu Beginn des 20. Jahrhunderts gab es in Berlin eine der größten Bierbrauergemeinschaften der Welt mit rund 1000 verschiedenen Unternehmen. Als Berlin anwuchs und später Ost- und Westdeutschland wiedervereinigt wurden, wurde die Berliner Küche international. Natürlich kann man traditionelle Berliner Küche weiterhin finden, aber das scheint heute eher eine Touristenattraktion zu sein oder vielleicht für Einheimische ein nostalgisches kulinarisches Ereignis. Ein Döner, ein Falafel oder eine italienische Pizza sind ebenso Teil der Berliner Küche wie die Currywurst.

Vielleicht weil die deutsche Küche im Allgemeinen zu fleischlastig ist und viele junge Leute in die Stadt ziehen, hat die vegane und vegetarische Bewegung einen großen Fanclub gefunden, sodass Berlin heute als die vegane Hauptstadt der Welt deklariert wird.

Was mich persönlich fasziniert, ist die große Vielfalt an Produkten, die Berlin selbst und das Berliner Umland zu bieten haben. Wälder, wilde Felder und große Stadtparks, in denen man Wildpflanzen sammeln kann und wie diese „wilden Lebensmittel" ihren Weg zurück in die Küchen, inklusive Sterneküchen, finden.

Kasseler mit Sauerkraut
Frikassee Berliner Art
Schnitzel Holstein
Königsberger Klopse
Gefüllte Schmorgurken
Sülzkotelett und Sülze

Bollenfleisch
Falscher Hase
Bismarckhering
Havel-Zander
Mostrich-Eier
Hoppelpoppel
Löffelerbsen
Heringssalat
Berliner Luft
Süßsaurer Kürbis

Bockwurst
Rollmops
Soleier
Mohnpielen
Buletten

Gepökeltes Eisbein mit Erbspüree

WILDES

ÜBERS SAMMELN UND ESSEN VON WILDPFLANZEN

Ein nächstgelegener Naturpark kann einen herrlichen kulinarischen Spaziergang hergeben. In Berlin gibt es über 2.000 Parks, Millionen von Bäumen und viele wilde Wiesen. Selbst in einem urbanen Umfeld wie diesem gibt es zahlreiche essbare Pflanzen, die man von Bäumen, Sträuchern und dem Boden ernten kann. Wenn man an der richtigen Stelle sucht, kann man einzigartige und köstliche essbare Schätze finden, die sich perfekt als Garnierung und/oder als Geschmacksverstärker eignen. Die Entdeckung neuer, einzigartiger und vergessener Geschmacksrichtungen kann direkt vor deiner Haustür beginnen.

Es lohnt sich, sich mit anderen Wildpflanzensammmlern auszutauschen und auch von Experten über Pflanzen, die in der Gegend heimisch sind, zu lernen. Egal ob auf dem Land oder im Vorort – man kann immer im eigenen Garten experimentieren oder sich mit Biobauern in der Nähe austauschen und sie ermutigen, Platz für Wildpflanzen zu lassen, falls sie dies nicht bereits tun.

BLÜTEN VON BÄUMEN UND STRÄUCHERN

Es gibt Bäume und Sträucher mit so duftenden Blüten, dass man gar nicht anders kann, als ihre Essenz einzufangen. Rosen, Flieder, Holunderblüten und Linden blühen in Deutschland in Hülle und Fülle. Sirups und Gelees, die mit diesen Düften versetzt sind, können einem Dessert eine einzigartige Note verleihen. Mit einem Spritzer Sirup in einem Glas Sekt, einer erfrischenden Limonade oder einem einfachen Mineralwasser wird die jeweilige Jahreszeit herrlich zelebriert.

Der Hauptunterschied zwischen Sirup und Gelee ist das Verhältnis von Wasser und Zucker. Normalerweise werden die Blüten in einer Mischung aus Zucker oder Salz in Wasser mit Zitronensaft eingeweicht. Es gibt verschiedene Rezepte, und wenn dir die in diesem Buch nicht ganz zusagen, ermutige ich dich zum Experimentieren, bis du die richtige Kombination gefunden hast. Ich persönlich bevorzuge weniger Zucker als in den meisten Rezepten angegeben, besonders bei Gelees von blühenden Bäumen, da zu viel Süße den Duft trübt. Um die Sicherheit des Verfahrens zu gewährleisten und den Verderb durch zu wenig Zucker zu verhindern, ist es wichtig, Gläser und Flaschen zu sterilisieren, um Bakterien abzutöten. Weitere Informationen zum Einmachen von Lebensmitteln findest du auf Seite 202.

WILDKRÄUTER

Wildkräuter werden bei uns traditionell als Gewürze und für Tees verwendet. In den letzten Jahren haben frische Wildkräuter eine Renaissance erlebt und werden heute zu Pesto und Brotaufstrichen verarbeitet, roh in Salaten gegessen oder wie Spinat in Aufläufen, Suppen, Pfannkuchen und Beilagen gekocht.

Kräuter werden seit Jahrtausenden zu medizinischen und kulinarischen Zwecken verwendet und wurden seit dem frühen Mittelalter in Klostergärten angebaut, die sowohl für Studienzwecke als auch für die medizinische Praxis angelegt waren. Karl der Große ordnete an, Kräutergärten für medizinische Forschung anzubauen und um sie zu Essenzen, Ölen, Pasten und getrockneten Tees zu verarbeiten. Etwa zwischen dem 8. und 12. Jahrhundert überließen die meisten Europäer ihre Gesundheit und ihr Wohlbefinden der Klostermedizin.

Wildkräuter spielten auch während des Ersten und des Zweiten Weltkriegs eine wichtige Rolle, denn sie waren eine Quelle für Vitamine und Mineralien. Wenn man heutzutage einem Überlebenden des Zweiten Weltkriegs erzählt, dass ein Salat mit Löwenzahn, Vogelmiere, Wegerich oder Giersch zubereitet wird, oder wenn man geröstete Bucheckern erwähnt, wird man höchstwahrscheinlich eine Geschichte darüber hören, wie eine Mutter ihre Kinder losschickte, um diese Zutaten zu sammeln. Ob es nun Spaß gemacht hat oder nicht, das Sammeln war eine arbeitsintensive Tätigkeit, die für das Überleben notwendig war.

Historisch gesehen geht die medizinische und die kulinarische Verwendung von Kräutern Hand in Hand. Inzwischen verwenden Sterneköche im ganzen Land alle Arten von Wildkräutern in ihren preisgekrönten Gerichten, weil diese eben einen ganz besonderen Geschmack und Duft haben.

GUT ZU WISSEN:
DAS SAMMELN VON WILDPFLANZEN

(ohne wissenschaftlichen Anspruch)

VORSICHT: Pflücke nichts, was du nicht mit Sicherheit identifizieren kannst!

Mach dich schlau! Nutze Hilfsmittel wie Bücher von Fachleuten über das Sammeln von Wildkräutern, Früchten und Pflanzen oder nehme an lokalen Kursen oder Workshops teil.

Vermeide Orte, wo Hunde urinieren könnten.

Ernte keine Kräuter in unmittelbarer Nähe von Straßen, auf Industriegeländen oder an Orten, an denen Umweltverschmutzung ein Problem darstellen könnte.

Früchte, Blumen, Nüsse und Blätter von Bäumen sind weniger verschmutzt als Wildkräuter, Blumen oder Beeren, die an Sträuchern wachsen. Halte einen Abstand von mindestens sieben Metern zur Straße ein. Je näher der Verkehr an den Pflanzen ist, die du zum Verzehr pflücken möchtest, desto mehr Schadstoffe hat sich auf diesen angesammelt. Blätter von Bäumen in Städten enthalten blei- und kadmiumhaltigen Feinstaub. Ernte am besten dort, wo zumindest eine Hecke die Straße von der Pflückstelle trennt.

Vermeide Felder, auf denen Pestizide und Düngemittel eingesetzt werden. Wenn du unsicher bist, frage die Bauern oder Anwohner. Die besten Standorte sind wilde, unberührte Flächen in Wäldern und Parks. Wasche Wildpflanzen gründlich in der Spüle oder in einer großen Schüssel und lass sie ca. 12 Minuten lang in Wasser mit einem guten Schuss Essig liegen, um Bakterien abzutöten. Spüle sie erneut ab und trockne sie gründlich und sorgfältig, entweder mit einer Salatschleuder oder mit Papier- bzw. Trockentüchern, die nicht mit Seife gewaschen sind.

Wenn du Wildkräuter zu Pesto oder Ölen verarbeiten möchtest, reinige Flaschen und Gläser gründlich. Je besser gesäubert, desto länger halten sich deine Wildkonserven, ohne zu verderben.

Die Konservierung von Fliederblüten ist wie das Einkochen des Frühlings in einer Flasche! Beim Einkochen von Gelee oder Sirup aus duftenden Blüten wie Flieder, Rosen, Lindenblüten oder Holunderblüten macht die Menge an Zucker einen großen Unterschied. Je weniger Zucker, desto mehr kommt der Duft durch, denn der Geschmack selbst ist sehr mild. Der Zucker sorgt natürlich dafür, dass

Gelee oder Sirup länger haltbar ist. Gerade bei diesen zarten, essbaren Blüten kann es passieren, dass es einfach nur süß schmeckt und der Rest vielleicht nur Einbildung ist. Deshalb entscheide ich mich für weniger Zucker und eine kürzere Haltbarkeitsdauer. Gib einfach etwas Fliedersirup zu Getränken wie Schorle, Hugo oder Sekt oder aber als süße Verfeinerung über Desserts.

FLIEDERBLÜTEN

Sirup

Ca. 2 Liter

12-14 Dolden Fliederblüten
2 l Wasser
1 ⅓ kg Zucker
2 mittelgroße Zitronen

5 Tage Vorbereitungszeit

1. Die Fliederblüten schütteln, um Käfer und kleine Insekten loszuwerden
2. Blüten von den grünen Stielen mit dem Finger abzupfen
3. Wasser und Zucker in einem großen Topf bei starker Hitze zum Kochen bringen
4. 5-8 Minuten köcheln lassen, dann abkühlen lassen

5. Zitronen in Scheiben schneiden, den Saft auspressen
6. Fliederblüten, Zitronensaft und Zitronenscheiben zugeben und schnell, aber vorsichtig umrühren
7. 5 Tage an einem kühlen Ort stehen lassen
8. Abseihen und in saubere Flaschen füllen

Im Kühlschrank aufbewahren und innerhalb 2-3 Wochen verbrauchen.

Gelee

Für 8 Gläser à 200 g

20 Dolden Fliederblüten
1 ½ l Wasser
1 kg Zucker
Geliermittel (Agar-Agar oder Pektin)

24 Stunden Vorbereitungszeit

1. Die Fliederblüten schütteln, um Käfer und kleine Insekten loszuwerden
2. Blüten von den grünen Stielen mit dem Finger abzupfen
3. In einem großen Topf Wasser aufkochen, Blüten dazugeben und 10 Minuten köcheln lassen
4. Abkühlen lassen, abdecken und 24 Stunden ziehen lassen
5. Einmachgläser mit kochendem Wasser sterilisieren
6. Flüssigkeit durch ein Seihtuch oder ein feines Sieb abseihen
7. In den Topf zurückgeben, Zucker hinzufügen und aufkochen lassen
8. Geliermittel zugeben (gemäß den Anweisungen des Geliermittels)
9. Hitze auf mittlere Stufe reduzieren, 5 Minuten kochen oder bis die Flüssigkeit die Gelierprobe besteht (s. Seite 202)
10. Heißes Gelee in saubere Gläser füllen, verschließen und für 5 Minuten auf den Kopf stellen (wenn die frisch befüllten Gläser umgedreht werden, tötet die heiße Masse mögliche Keime, die sich am Deckel oder Rand befinden)

Im April und Mai treiben Fichten und Tannen in auffallend leuchtendem Grün junge Triebe aus, eine herrlich sichtbare Fülle von Chlorophyll, Vitamin C und ätherischen Ölen. Die Knospen von Fichten und Tannen haben einen leicht säuerlichen, herzhaften Geschmack. Je später sie geerntet werden, desto mehr Geschmack enthalten sie, werden jedoch härter und eignen sich weniger für die Verarbeitung in der Küche. Fichten- und Tannensprossen können roh verzehrt, als Beilage zu Hauptgerichten gebraten oder zu Gelees und Sirup verarbeitet werden, um Desserts, Cocktails oder andere Sommergetränke zu aromatisieren.

! Vergewissere dich vor dem Pflücken, dass dein Baum nicht die hochgiftige Eibe ist.

! Pflücke nur eine begrenzte Anzahl von Trieben desselben Baumes, da ein übermäßiges Ernten dessen Wachstum beeinträchtigt.

FICHTEN- UND TANNENSPROSSEN

Sirup

Aus dem Sirup der Fichten- oder Tannensprösslinge strömen die Aromen und Düfte des Waldes geradezu heraus. Ein Hauch von Zitrone macht ihn herrlich erfrischend. Mit kohlensäurehaltigem oder eisgekühltem Wasser gemischt, wird er zum exotischen Durstlöscher.

Ca. 750 ml

325 g Fichten-, Tannen- oder auch Lärchensprossen
750 ml Wasser
600 g Zucker
3 Zitronenscheiben

10 Tage Vorbereitungszeit

1. Wasser, Zitronenscheiben und Zucker in einem Kochtopf zum Kochen bringen
2. 5 Minuten köcheln lassen, bis sich der Zucker aufgelöst hat
3. Abkühlen lassen und die Zitronenscheiben entfernen
4. Sprossen schnell abspülen und in einen großen, fest verschließbaren Behälter geben
5. Abgekühlte Flüssigkeit über die Knospen gießen und verschließen; 10 Tage an einem sonnigen Ort ziehen lassen
6. Flaschen mit kochendem Wasser sterilisieren
7. Sirup abseihen und in saubere Flaschen füllen

Im Kühlschrank aufbewahren und innerhalb 2-3 Wochen verbrauchen.

Das Gelee eignet sich am Frühstückstisch zu Brötchen, Croissants oder herzhaftem Brot. Du kannst aber auch Kuchen und Torten verfeinern oder das Gelee als aromatische Beilage für Wildgerichte wie Wildbret oder Wildschwein verwenden.

Gelee

Für ca. 8 Gläser à 250 g

900 g Fichten-, Tannen- oder Lärchensprossen
2 l Wasser
1 ½ kg Zucker
8 Zitronenscheiben
Geliermittel (Agar-Agar oder Pektin)

1. Sprossen kurz abspülen
2. Wasser, Sprossen und Zitrone in einem Kochtopf vermengen
3. Zum Kochen bringen und 1 ½ Stunden lang köcheln lassen
4. Einmachgläser mit kochendem Wasser sterilisieren
5. Die heiße Flüssigkeit durch ein Seihtuch oder ein feines Sieb abseihen
6. Zurück in den Topf geben, Zucker hinzufügen und aufkochen lassen
7. Geliermittel zugeben (gemäß den Anweisungen des Geliermittels)
8. Hitze auf mittlere Stufe reduzieren, 5 Minuten köcheln lassen oder bis die Flüssigkeit den Gelierprobetest besteht (s. Seite 202)
9. Heißes Gelee in saubere Gläser füllen, verschließen und für 5 Minuten auf den Kopf stellen

HOLUNDERBLÜTEN

Pfannkuchen

Von Mitte Mai bis Ende Juni stehen die Holunderbäume in voller Blüte und verströmen mit ihren Tausenden cremeweißen Blüten einen intensiven und süßen Duft. Der Sirup ist bekannt als wesentlicher Bestandteil des Cocktails Hugo, eines leicht alkoholischen Aperitifs aus prickelndem Weißwein wie Prosecco oder Sekt, Holunderblütensirup, Sprudelwasser und frischen Minzblättern. Der Hugo stammt ursprünglich aus Südtirol und ist heute in vielen europäischen Ländern weitverbreitet.

Bei dem Geruch und Geschmack von Holunderblütengelee denkt man automatisch an Frühsommer. Es schmeckt herrlich auf einem Stück selbst gebackenem Brot, einem frisch gebackenen Brötchen oder einem Croissant am Morgen. Als saisonale Delikatesse werden die Blütenbüschel an den Zweigspitzen, auch Rispen genannt, leicht paniert und wie Pfannkuchen gebraten.

Für 4 Personen

8-10 Rispen Holunderblüten
6 TL Mehl
2 Eier
Mineralwasser
Süße Version: plus 2 TL Zucker

Herzhafte Version
plus eine Prise Salz und Pfeffer

1. Eier in einer großen Schüssel aufschlagen
2. Weitere Zutaten für das süße oder herzhafte Rezept einarbeiten
3. Mehl und kohlensäurehaltiges Wasser langsam hinzufügen, bis ein dickflüssiger Teig entsteht
4. Rispen über dem Spülbecken schütteln, um kleine Käfer zu entfernen
5. Sonnenblumen- oder Distelöl in einer großen Bratpfanne erhitzen
6. Eine ganze Rispe Holunderblüten am Stiel festhalten und in den Teig tauchen
7. Jede in Teig getauchte Rispe mit dem Stiel nach oben in der Pfanne braten; sobald sie leicht goldbraun ist, den Pfannkuchen umdrehen und die andere Seite kurz braten

Herzhafte Pfannkuchen als Vorspeise mit frisch gemahlenem schwarzem Pfeffer oder süße Pfannkuchen mit Puderzucker bestreut als Nachspeise servieren.

Sirup

Ca. 1 Liter

30-35 Rispen Holunderblüten
1 ½ kg Zucker
1 große Zitrone, in Scheiben geschnitten
1 ½ l Wasser

1-2 Tage Vorbereitungszeit

1. Rispen über dem Spülbecken schütteln, um kleine Käfer zu entfernen
2. Blüten von den Stielen entfernen
3. In einem großen, fest verschließbaren Behälter Wasser, Blüten und Zitronenscheiben vermischen; abdecken und 24-36 Stunden ziehen lassen
4. Flaschen mit kochendem Wasser sterilisieren
5. Flüssigkeit durch ein Seihtuch abseihen oder durch ein Sieb in einen großen Kochtopf geben
6. Zucker hinzufügen und zum Kochen bringen
7. Saubere Flaschen mit heißem Sirup füllen

Im Kühlschrank aufbewahren und innerhalb 4-6 Wochen verbrauchen.

Gelee

Für ca. 8 Gläser à 250 g

30-35 Rispen Holunderblüten
1 ½ kg Zucker
Geliermittel (Agar-Agar oder Pektin)
1 große Zitrone, in Scheiben geschnitten
50 ml Zitronensaft
2 l Wasser

1-2 Tage Vorbereitungszeit

1. Rezept für Sirup wie zuvor bis Schritt 6 befolgen und Zitronensaft hinzufügen
2. Geliermittel nach Anleitung in der kochenden Flüssigkeit auflösen
3. Hitze auf mittlere Stufe reduzieren, 5 Minuten köcheln lassen und Geliertest machen (s. Seite 202)
4. Heißes Gelee in saubere Gläser füllen und verschließen

Lindenblüten sind mit ihrem Duft ein beliebtes Aroma für Honig, Sirup, Gelee und Tee und werden auch zur Herstellung von Badezusätzen und Heiltinkturen verwendet. Als Pflanze mit entzündungshemmenden Eigenschaften sollen die Blüten bei arthritischen Schmerzen, Fieber, Halsschmerzen und Menstruationsbeschwerden Linderung verschaffen. Lindenblüten werden auch wegen ihrer harntreibenden und immunstärkenden Eigenschaften und zur Linderung von Hitzewallungen während der Wechseljahre verwendet.

Dieser Duft des Sommers kann in Form von Sirup konserviert werden und bietet ein erfrischendes Aroma für Getränke. Getrocknete Lindenblüten als Tee sind im Winter ideal zur Stärkung des Immunsystems. Berlin ist voll von Linden, und Anfang Juni ist die ganze Stadt in ihren Duft gehüllt.

LINDENBLÜTEN

Sirup

Ca. 3 Liter

300 g frisch gesammelte Lindenblüten
3 l Wasser
1 ½ kg Zucker
5 Zitronenscheiben
50 ml Zitronensaft

7 Tage Vorbereitungszeit

1. Wasser und Zucker in einem großen Topf zum Kochen bringen
2. Hitze auf niedrige Stufe reduzieren; Lindenblüten hinzufügen und 2 Minuten lang köcheln lassen, dabei vorsichtig umrühren

3. Abkühlen lassen und Zitronensaft und -scheiben hinzufügen
4. In einen wiederverschließbaren Behälter füllen, verschließen und 7 Tage lang an einem kühlen Ort ziehen lassen
5. Flaschen mit kochendem Wasser sterilisieren (ich empfehle, 250-ml-Flaschen zu verwenden, sie sind ein schönes Geschenk)
6. Flüssigkeit abseihen und den Sirup in saubere Flaschen füllen

Im Kühlschrank aufbewahren und innerhalb 4-6 Wochen verbrauchen.

Getrocknet für Tee

! In urbaner Umgebung Blüten abseits von großen, stark befahrenen Straßen pflücken – am besten im Herzen eines Stadtparks oder am Stadtrand.

Leg die Blüten auf ein großes Stück Pergamentpapier oder ein altes Stück Leinen. Am besten lagerst du sie an einem warmen Ort mit guter Luftzirkulation, z. B. auf einem Dachboden mit Fenstern, in einer Scheune oder auf einem Schrank in deiner Wohnung. Sobald die Blüten vollständig getrocknet sind, kannst du sie in einem luftdichten Behälter aufbewahren.

Eistee

Ca. 1 Liter

1 l Wasser
1 TL Honig
Frische oder getrocknete Lindenblüten
Frische oder getrocknete Pfefferminzblätter

1. Wasser zum Kochen bringen, Honig hinzufügen und umrühren
2. Honigwasser über frische oder getrocknete Lindenblüten und Minzblätter gießen
3. Abkühlen lassen, abseihen und gekühlt mit Eis servieren

Wenn du frische Lindenblüten verwendest, kannst du als Deko einige Blüten in die Eiswürfelbehälter geben und mit einfrieren.

Aromatisierter Essig

Ca. 2 Liter

2 l Apfelessig
200 g Lindenblüten
4 TL Honig
Schale von 3 Zitronen

4 Wochen Vorbereitungszeit

1. Lindenblüten in ein großes, fest verschließbares Gefäß oder eine Schüssel geben
2. Zitronen waschen, dünn schälen und die Schale zu den Blüten geben
3. Essig kurz erhitzen; Honig hinzufügen und kurz umrühren
4. Essig über Lindenblüten und Zitronen gießen
5. Verschließen und bis zu 4 Wochen ziehen lassen
6. Flaschen mit kochendem Wasser sterilisieren
7. Essig abseihen und in saubere Flaschen füllen

Auf Wunsch einige ganze Blüten zur Dekoration hinzufügen
Haltbarkeit 1 Jahr.

Wir kennen den Hopfen als Kernbestandteil für das Brauen von Bier oder vielleicht noch als wohltuenden Tee. Im Frühjahr winden sich die jungen Triebe der Pflanze um alle möglichen Sträucher und Bäume. Weil Hopfen in so großer Menge in der Natur wächst, kann man ihn leicht ernten, anstatt ihn teuer von Brauereien oder Brauereilieferanten zu kaufen.

Gebratene Hopfensprossen sind eine köstliche Beilage oder können Salate, Pizzen, Suppen oder Sandwiches bereichern.

HOPFENSPROSSEN

Sautiert

Hopfensprossen (so viel du willst)
Olivenöl oder Butter
Salz und Pfeffer

1. Hopfensprossen waschen und mit einem Papiertuch abtrocknen
2. Dickere Stiele am unteren Ende entfernen
3. In Butter oder Olivenöl anbraten, bis sie leicht knusprig sind
4. Würzen

Die Mahonie ist ein immergrüner Strauch mit Blättern, die aus stacheligen Fiederblättchen bestehen. Auf die dichten Büschel gelber Blüten im Frühjahr folgen die blauschwarzen Beeren, die einen starken, aber angenehm sauren Geschmack haben. Die Früchte enthalten Giftstoffe, allerdings in einem so geringen Anteil, dass sie für Gelees, Sirups und Liköre unbedenklich sind. Als dickflüssiger Sirup herrlich zu Desserts oder als Schorle mit Sekt oder Sprudelwasser.

MAHONIENBEERE

Sirup

700 g reife Mahonienbeeren
350 g Zucker
Saft einer großen Zitrone
Wasser

1. Beeren von den Stielen entfernen und gründlich waschen
2. Beeren in einen Topf geben und gerade so viel Wasser hinzufügen, dass die Früchte bedeckt sind
3. Zucker und Zitrone hinzufügen
4. Zum Kochen bringen und 10 Minuten köcheln lassen
5. In der Zwischenzeit Flaschen sterilisieren
6. Abseihen und heiße Flüssigkeit in saubere Flaschen füllen

Im Kühlschrank aufbewahren und innerhalb 4-6 Woche verbrauchen.

Wir kennen Rosen und Rosenblüten als Dekoration, die mit ihrer Symbolkraft, Farbenvielfalt und den subtilen Texturen jedem Tisch ein elegantes und romantisches Aussehen verleihen. Rosenblüten können allerdings deinen Gerichten auch einen außergewöhnlichen Geschmack zu hinzufügen. Mit dem Geschmack würden wir wohl die nahöstliche oder indische Küche assoziieren – im Westen werden Rosen eher für Desserts und andere Süßspeisen verwendet. Alle Rosenblütenblätter sind essbar und haben einen unverwechselbar delikaten, süßen und blumigen Geschmack; und auch einen subtilen, weshalb es sinnvoll ist, Rosenaroma nicht mit Obst zu mischen, um den reinen Geschmack und Duft zu erhalten.

Wenn du Wildrosen oder Rosen aus deinem Garten pflückst, solltest du dies am Vormittag tun: nachdem der Tau verdunstet ist, aber bevor die Hitze des Tages ihren Höhepunkt erreicht. Pflücke die Blütenblätter vorsichtig einzeln mit der Hand oder schneide die Blütenblätter mit einer Schere vom obersten Ende des Stiels ab.

Du kannst die Blütenblätter in Salate geben oder mit Butter vermischen. Am besten entfaltet sich der Duft jedoch, wenn man Rosenblütensirup herstellt, den man dann mit Desserts, Kuchen und sogar herzhaften Gerichten genießen kann.

Dass die Blütenblätter frei von Pestiziden oder Feinstaub sein sollten, versteht sich von selbst.

ROSENBLÜTEN

Sirup

Für ca. 250 ml

300 g Rosenblüten
(frei von Pestiziden oder Feinstaub)
Saft von 2 Zitronen
400 g Zucker

5-7 Tage Vorbereitungszeit

1. Rosenblütenblätter sammeln, leicht schütteln, um Insekten zu entfernen
2. Blüten, Zucker und Zitronensaft in einem sauberen, wiederverschließbaren Glas schichten
3. Rosenblätter mit einem kleineren Glas oder Krug nach unten drücken, damit sie von der Flüssigkeit bedeckt bleiben (das Glas in dem großen Behälter lassen)
4. Locker verschließen und mindestens 5 Tage an einem sonnigen Ort ziehen lassen (am 5. Tag den Sirup riechen und schmecken; weiterhin so lange ziehen lassen, bis der gewünschte Geschmacksgrad erreicht ist, aber darauf achten, dass der Sirup nicht zu Alkohol wird)
5. Flaschen sterilisieren
6. Abseihen und Flüssigkeit in saubere Flaschen füllen

Gekühlt aufbewahren und innerhalb von 4-6 Wochen verbrauchen; oder Flaschen im Wasserbad pasteurisieren (s. Seite 202).

Es gibt alle möglichen Spezialitäten aus verschiedenen Ländern, die aus Hagebutten hergestellt sind. In Schweden wird Hagebuttensuppe (*Nyponsoppa*) zubereitet, während sie in Ungarn und Rumänien zur Herstellung von *Pálinka*, einem traditionellen Obstbrand, verwendet werden. Hagebutten werden auch zum Aromatisieren von *Cockta*, einer slowenischen Limonade, verwendet. Außerdem werden getrocknete Hagebutten, einschließlich ihrer Samen, zur Herstellung von Medikamenten verwendet.

Wildrosen sind in ganz Deutschland weitverbreitet, sodass die Ernte von Hagebutten meist schnell erledigt ist. Ich erinnere mich an meine Großmutter, die Hagebuttenmarmelade einkochte und oft Hagebuttentee trank. Für mich ist das heute ein fast vergessener Geschmack, denn ob man nun Hagebuttentee, -marmelade oder -essig sucht: In Berliner Supermärkten findet man diese Produkte kaum noch. Hagebutten werden von Oktober bis Januar geerntet. Die Früchte sollten beim Pflücken dunkelrot und schon etwas weich sein.

HAGEBUTTE

Gelee

Für ca. 4 Gläser à 200 ml

600 g Hagebutten
1 l Wasser
250 g Zucker
1 Vanilleschote oder 1 TL gemahlene Vanille
1 kleine Zitrone
Geliermittel (Agar-Agar oder Pektin)

1. Hagebutten vorbereiten: waschen, Stiele entfernen, schlechte Früchte aussortieren
2. Hagebutten in einem zugedeckten mittelgroßen Topf 45 Minuten in Wasser köcheln lassen, bis die Früchte sehr weich sind
3. Vom Herd nehmen; Wasser nicht abgießen und die Hagebutten im Topf mit einem Kartoffelstampfer zerkleinern
4. Ein Passiersieb über eine Schüssel stellen; die gekochten Früchte mit Flüssigkeit passieren, um Kerne und Schalen zu entfernen
5. Einmachgläser in kochendem Wasser sterilisieren
6. Den eingedickten Hagebuttenbrei wieder in den Topf geben, Vanille, Zucker, Zitronenschale und -saft hinzufügen
7. Unter ständigem Rühren zum Kochen bringen, Geliermittel nach Vorschrift zugeben
8. Hitze auf mittlere Stufe reduzieren, 5 Minuten kochen oder bis die Flüssigkeit die Gelierprobe besteht (s. Seite 202)
9. Heißes Hagebuttengelee in saubere Gläser schöpfen, verschließen und 5 Minuten auf den Kopf stellen

Getrocknete Hagebutten für Tee

Hagebutten können ganz oder halbiert getrocknet werden, allerdings ist die Trocknungszeit erheblich kürzer, wenn sie in kleine Stücke geschnitten sind. Es ist wichtig, die Früchte vor dem Trocknen zu waschen und alle Stiele zu entfernen. Du kannst Hagebutten in einem normalen Backofen oder Dörrgerät trocknen oder – wenn es nicht eilt – mehrere Wochen an der Luft.

Wenn du einen normalen Backofen benutzt, stell die niedrigste Temperatur ein und lass die Backofentür einen Spalt offen, indem du den Stiel eines Holzlöffels zwischen Tür und Ofen steckst, sodass genug Luftzirkulation entsteht. Verwendest du ein Dörrgerät, dann achte darauf, dass die Temperatur unter 40 °C bleibt, damit die Vitamine erhalten bleiben. Zum Trocknen an der frischen Luft breite die Hagebutten auf Pergament oder Zeitungspapier aus und lass sie auf der Terrasse, dem Balkon oder in einem gut belüfteten Raum trocknen.

Roh vom Strauch gepflückt, sind Schlehen mit ihren natürlichen Gerbstoffen unverwechselbar, denn sie schmecken sehr sauer und bitter, obwohl sie so viel Zucker wie Äpfel enthalten. Die Gerbstoffe überdecken diese Süße und werden erst mit der Zeit abgebaut. Daher wird die Schlehe in der Regel nach dem ersten Frost im November geerntet, da Kälte den Gehalt an natürlichen Gerbstoffen verringert. Alternativ kannst du die Beeren auch nach der Ernte 1-2 Wochen lang ruhen zu lassen, um mehr Süße zu erzielen. Meine Oma hat ein köstliches Schlehengelee gemacht, als Kind habe ich das geliebt. Bei der Herstellung von Gelee empfiehlt sich, die Beeren mit Äpfeln oder Quitten zu ergänzen, um den Geschmack auszugleichen.

SCHLEHE

Gelee

Für ca. 5 Gläser à 200 g

1 kg reife Schlehen
700 ml Wasser
400 g Äpfel oder Quitten, geschält und entkernt*
500 g Zucker
½ Vanilleschote
Geliermittel (Agar-Agar oder Pektin)

*Äpfel sind süßer als Quitten; es kommt also darauf an, wie süß du es magst.

12-24 Stunden Vorbereitungszeit

1. Beeren in Wasser über Nacht im Kühlschrank einweichen lassen
2. Beeren abseihen und zusammen mit allen anderen Zutaten in einen Topf geben
3. Zum Kochen bringen, 15 Minuten köcheln lassen, dann vom Herd nehmen
4. Gläser mit kochendem Wasser sterilisieren
5. Ein Passiersieb oder ein feines Sieb über eine Schüssel geben, Früchte und Wasser abseihen und das Fruchtfleisch vorsichtig durchdrücken, um die gesamte Flüssigkeit zu extrahieren

6. Zurück in den Topf geben und erneut erhitzen
7. Zucker und Vanille hinzufügen
8. Zum Kochen bringen, Geliermittel nach Vorschrift zugeben
9. Hitze auf mittlere Stufe reduzieren, 5 Minuten kochen oder bis die Flüssigkeit die Gelierprobe besteht (s. Seite 202)
10. Heißes Schlehengelee in saubere Gläser füllen und verschließen

Herrlich auf Frühstücksbrötchen, Croissants, herzhaftem Brot oder zu Wildgerichten

Sirup

Für ca. 1,2 Liter

1 kg reife Schlehen
400 g Zucker
½ Vanilleschote
1 l Wasser

12-24 Stunden Vorbereitungszeit

1. Beeren in Wasser über Nacht im Kühlschrank einweichen
2. Flaschen mit kochendem Wasser sterilisieren
3. Beeren abseihen, in einen Kochtopf geben und Wasser hinzufügen
4. Langsam zum Kochen bringen, dann 15-20 Minuten köcheln lassen, bis die Beeren weich sind und sich aufzulösen beginnen
5. Vom Herd nehmen
6. Ein Passiersieb oder ein feines Sieb über eine Schüssel geben, Früchte und Wasser abseihen und das Fruchtfleisch vorsichtig durchdrücken, um die gesamte Flüssigkeit zu extrahieren
7. Zurück in den Topf geben und erneut erhitzen
8. Zucker hinzufügen und zum Kochen bringen
9. Etwa 3 Minuten köcheln lassen
10. Heiße Flüssigkeit in saubere Flaschen füllen und sofort verschließen

Köstlich über jedem Dessert, in Cocktails, als Schorle oder in Saucen für Wildgerichte

Gekühlt aufbewahren und innerhalb von 5-6 Monaten verbrauchen.

Wildkräutersalat ist inzwischen zum Standard geworden und in vielen Supermärkten erhältlich, vor allem aber in Bio- und Feinkostläden. Diese Kräuter werden in der Regel in Gewächshäusern gezüchtet und sind nicht so schmackhaft wie die selbst gesammelten. Oft werden sie mit normalen Salatsorten durchmischt. Da Wildkräuterblätter von Natur aus einen leicht bitteren Geschmack haben, ist es ratsam, sie mit Obst oder süßem, gekochtem oder rohem Gemüse zu kombinieren, wenn sie roh bzw. als Salat verköstigt werden. Ein französisches Honig-Senf-Dressing eignet sich prima, um die Bitterkeit und Süße der Zutaten zu balancieren.

WILDKRÄUTERSALAT

Wildkräutersalat

Für 4 Personen

400 g gleichmäßig ausgewogene Mengen der folgenden Wildkräuter: Löwenzahnblätter, Sauerampfer, Spitzwegerich, Vogelmiere, Giersch

100 g saisonales Obst deiner Wahl
Essbare Blüten
30 g geröstete Buchweizen-, Sonnenblumen- oder Kürbiskerne

Optional
rohes oder gekochtes Gemüse, z. B. Rote Bete, Saubohnen, Karotten, Avocado

Dressing
4 EL Olivenöl (oder ein gutes hochwertiges Pflanzenöl)
1 ½ EL Balsamico
1 TL Senf
1 TL Honig
Saft von ½ Zitrone
Salz und Pfeffer

1. Gemüse deiner Wahl im Voraus zubereiten und/oder kochen
2. Obst waschen und ggf. schälen
3. Kräuter wie beim Wildkräuter-Pesto (s. Seite 48) beschrieben vorbereiten und waschen; das Schneiden ist hier optional und eher eine Frage der Ästhetik
4. Kräuter gründlich trocknen
5. Dressing in einem Einmachglas schütteln
6. Samen in der Pfanne rösten
7. Dressing erst kurz vor dem Anrichten auf einem Teller oder dem Servieren in einer Schüssel zum Salat geben und vorsichtig (am besten mit den Händen) vermengen

Mit Samen und essbaren Blüten bestreuen

Wie bereits in der Einleitung erwähnt, wachsen die in Deutschland bekannten Wildkräuter in der gesamten gemäßigten nördlichen Hemisphäre. Zurzeit findet ein Umdenken statt: in Richtung Verständnis nämlich, dass es sich bei Wildkräutern nicht etwa um Unkraut handelt, das vernichtet werden kann, sondern um Pflanzen, die medizinisch, landwirtschaftlich und kulinarisch wertvoll sind. Dazu passen die folgenden Rezepte, die veranschaulichen, wie man Wildkräuter verarbeiten kann, hat man sie erst einmal kennengelernt.

(v) WILDKRÄUTER-PESTO

Für ca. 250 g

250-275 g Wildkräuter deiner Wahl*
100 g Cashewnüsse oder Sonnenblumenkerne
170 ml Olivenöl (oder jedes andere hochwertige Pflanzenöl)
1 Knoblauchzehe
Saft von ½-1 Zitrone
Salz und Pfeffer

*Zu gleichen Teilen mindestens 4 der folgenden Kräuter: Löwenzahnblätter, Giersch, Sauerampfer, englischer Wegerich, Vogelmiere.

1. Achte darauf, alle Blätter zu entfernen, die nicht zu den Kräutern gehören, z. B. Gras, kleine Stöcke oder Wurzeln (bei der Wildpflanzensuche ist es völlig normal, dass vor allem Gras mitgeschnitten wird)
2. Wasch die Kräuter in einer mit Wasser gefüllten Schüssel oder einem gefüllten Waschbecken: Tauche dazu die Kräuter in das Wasser und schwenke sie mit den Händen zuerst hin und her, um sie zu reinigen. Dann füge einen guten Schuss Apfelessig hinzu und lass die grünen Blätter ca. 12 Minuten ziehen, um Bakterien abzutöten

3. Abseihen und mit einer Schere in kleinere Stücke schneiden, damit sie sich nicht um die Klinge des Mixers wickeln
4. In einem Mixer alle Zutaten auf einmal mixen, bis eine glatte Konsistenz entsteht
5. Abschmecken und nachwürzen
6. Das Pesto in saubere Einmachgläser füllen und im Kühlschrank kühl stellen

! Leicht verderblich: innerhalb von 5 Tagen verbrauchen. Zur Konservierung kannst du das Pesto auch einkochen, s. Seite 202, dann sollte es mehrere Wochen halten

Löwenzahn gehört mit zu den ersten Pflanzen, die im Frühling aus dem kalten Boden kommen und ihre leuchtend gelben Blüten öffnen. Sie sind eine wahre Freude nach dem langen, grauen Winter. Ernte sie an einem sonnigen Tag, wenn die Blüten voll geöffnet sind.

LÖWENZAHNBLÜTEN

Sirup

Für ca. 1 Liter

3-4 Handvoll Löwenzahnblüten
¼ Vanilleschote
½ Zitrone
1 kg Rohrzucker
1 l Wasser

1. Blütenblätter von den Stielen und Köpfen entfernen, Ungeziefer und grüne Blätter entfernen
2. In einem Kochtopf 1l Wasser mit den Blütenblättern sowie 3-4 Zitronenscheiben (gewaschen oder geschält) und ¼ Vanilleschote aufkochen und 30 Minuten lang zugedeckt köcheln lassen
3. Abseihen und 1 kg braunen Zucker in die Flüssigkeit geben
4. Zugedeckt 2-3 Stunden köcheln lassen, bis du einen goldbraunen Sirup erhältst, der so dickflüssig ist wie Honig/Melasse
5. In saubere Flaschen füllen und verschließen

Über 1 Jahr lang haltbar, wenn gekühlt gelagert.

GEFRORENES QUARKPARFAIT MIT LÖWENZAHNBLÜTENSIRUP

Für 4-6 Personen

250 ml Sahne
200 g Quark
1-2 Spritzer Zitronensaft
125 ml Löwenzahnblütensirup

Optional
frische Löwenzahnblüten als Garnitur

3 Stunden Vorbereitungszeit

1. Sahne aufschlagen
2. Quark hinzufügen
3. Sirup, Zitrone und Löwenzahnblütenblätter langsam unterheben
4. Alles in eine rechteckige Kuchen- oder Patéform (ca. 30 x 11 cm, aus Metall oder Porzellan) füllen
5. Mindestens 3 Stunden im Eisfach einfrieren lassen
6. Aus dem Gefrierfach nehmen, zum Antauen einige Minuten in den Kühlschrank stellen und mit einem angewärmten Kuchenmesser Scheiben vom Parfait abschneiden

Mit etwas Sirup servieren und mit Blütenblättern bestreuen.

Im Frühling und Sommer ist das Sammeln von essbaren Wildpflanzen und -früchten eine schöne Aktivität, die man mit der Familie oder mit Freunden bei einer Wanderung oder einem langen Spaziergang in der Stadt, einem Vorstadtpark oder einem Wald unternehmen kann. Je nachdem, wo man sich befindet, kann man einen Korb voller Leckereien ernten – sofern man weiß, wo man suchen muss.

Neben Wildkräutern sind in Deutschland auch Wildkirschen, Beeren, Hopfensprossen und Brennnesseln leicht zu finden. Da man ja nicht immer nur Salat essen möchte, bietet es sich an, die Funde auf andere Weise zu verarbeiten. Du kannst zum Beispiel einen einfachen Fladenbrotteig herstellen und ihn knusprig mit Kräutern, Blättern und Früchten als Belag für einen wilden, süßen Snack oder eine Vorspeise backen.

(v) WILDER FLADEN

Für 8 Fladenbrote

400 g Mehl deiner Wahl
Ca. 80 ml lauwarmes Wasser
Salz
5 TL Olivenöl
Gesammelte Wildpflanzen und -früchte

1. Backofen auf 200 °C vorheizen
2. Ernte vorbereiten: Blätter gründlich in Essigwasser waschen, trocknen, Früchte und Beeren waschen und schneiden
3. Mehl, Salz und Olivenöl in eine Schüssel geben und mit den Händen vermengen; dabei nach und nach lauwarmes Wasser zugeben
4. Den Teig mindestens 5 Minuten lang gründlich kneten (wenn er zu klebrig ist, etwas mehr Mehl verwenden; wenn zu trocken, mehr Wasser verwenden)
5. Auf einer gut bemehlten Fläche die geteilten Teigportionen zu kleinen, sehr dünnen ovalen Scheiben ausrollen
6. Jedes Fladenbrot mit Olivenöl einreiben und die Ränder etwas umklappen
7. Auf ein Backblech oder in den Pizzaofen legen und ca. 5 Minuten backen
8. Aus dem Ofen nehmen, mit den Zutaten (auch Obst) belegen, mit einem guten Schuss Olivenöl beträufeln und mit Salz und Pfeffer bestreuen
9. Weitere 10 Min. backen und direkt aus dem Ofen genießen

Optional
Mit Frischkäse oder Quark servieren

Brennnesseln wurden schon in alten Kulturen gegessen und in der Medizin oder als Rohmaterial in der Textilproduktion verwendet. Brennnesseln sind ein Superfood, reich an Vitamin A und C, Eisen, Kalium, Magnesium und Kalzium. Man verwertet Brennnesseln am besten im Frühjahr, wenn die jungen Blätter jung und zart und somit am köstlichsten sind, aber du kannst sie auch das ganze Jahr hindurch verwenden.

Brennnesselblätter lassen sich wie Spinat zubereiten: gedünstet, sautiert, in Pfannengerichten oder Suppen. Die eiweißreichen Brennnesselsamen können karamellisiert werden, um Salate und Desserts zu verfeinern. Getrocknete Blätter werden zu Brennnesseltee aufgebrüht, der gewichtsreduzierende und harntreibende Eigenschaften hat. Frische Blätter in Bierteig frittiert oder gebraten sind ein toller und ungewöhnlicher Snack.

 # BRENNNESSEL

FRITTIERTE ODER SAUTIERTE BRENNNESSEL-BLÄTTER IN BIERTEIG

Für ca. 40-50 mittelgroße Blätter

1 Ei*
1 EL Olivenöl
4 EL Mehl
75 ml Bier (oder Wasser)
Salz und Pfeffer
Option: etwas Paprika

*Vegane Version
Das Ei weglassen und mehr Wasser oder Olivenöl nehmen, um dem Teig die optimale Konsistenz zu geben.

! Trag lange Hosen, langärmlige T-Shirts und Handschuhe beim Pflücken!

1. Handschuhe tragen und die Brennnesseln in Wasser mit einem Schuss weißem Essig waschen und gründlich trocknen, indem du jedes Blatt vorsichtig mit einem Papiertuch abtupfst
2. Ei, Olivenöl und Mehl in einer Schüssel vermengen
3. Nach und nach Bier (bzw. Wasser) hinzufügen
4. Etwas Salz und Pfeffer, optional Paprika hinzufügen
5. Verquirlen, bis ein glatter, flüssiger Teig ohne Klumpen entsteht
6. Speiseöl (so viel, dass die Pfannenfläche bedeckt ist) in einer großen Pfanne auf mittlerer Flamme erhitzen
7. Jedes Brennnesselblatt in den Teig tauchen und vorsichtig braten, bis es auf jeder Seite goldbraun ist
8. Auf ein Papiertuch legen, um überschüssiges Fett aufzusaugen
9. Mit Salz und Pfeffer oder anderen Gewürzen deiner Wahl bestreuen

KARAMELLISIERTE BRENNNESSELSAMEN

Beliebige Menge gesammelter Samen
Öl
Zucker

1. Die Samenstränge mit großen Samen mit einer Schere abknipsen
2. Kurz in einem Sieb abwaschen und trocknen lassen, indem man die Samenstränge vorsichtig auf Papiertücher legt
3. In einer Pfanne in deinem Lieblingsöl anbraten, mit Zucker bestreuen und kurz karamellisieren lassen

GETROCKNETE BRENNNESSEL-BLÄTTER FÜR TEE

1. Lange Stängel mit Knospen und Blättern abschneiden
2. Verwelkte Blätter sowie die größeren Blätter am unteren Ende des Stängels entfernen
3. Die Stiele zu einem Strauß zusammenbinden und kopfüber an einem trockenen Ort aufhängen; die Blätter werden innerhalb weniger Tage trocknen. Mit den Händen (Handschuhe tragen!) die Blätter behutsam von den Stängeln lösen und in einem geschlossenen Glas oder einer Dose aufbewahren

Zum Aufbrühen des Tees 2-3 EL pro Liter Wasser nehmen und in heißem, abgekochtem Wasser ca. 5-10 Minuten ziehen lassen

Hierzulande wird Waldmeister verwendet, um einen geschmackvollen Sirup für Weinbowlen herzustellen. Für diese Maibowle braucht man frisch geerntete Waldmeisterblätter. Waldmeister möchte vor dem Blühen gepflückt werden, denn sobald er blüht, verliert er seinen Duft. Die Blätter werden mit einer Schnur zu einem Strauß gebunden und zum Trocknen einige Tage der Luft ausgesetzt, bis sie etwas verwelkt sind. Das traditionelle Sommergetränk Berliner Weiße (ein Weizenbier mit Waldmeister- oder Himbeergeschmack) ist bei Kindern als alkoholfreie Version und auch bei Erwachsenen immer noch beliebt, allerdings wird dafür ein künstlicher, leuchtend grüner Waldmeistersirup anstelle des natürlichen Sirups verwendet.

WALDMEISTERBOWLE

Für 2 Liter

1 Flasche Weißwein deiner Wahl
1 Flasche Sekt oder Crémant
2-3 Zitronenscheiben
1 EL weißer Zucker
100 ml Wasser
1 großer Strauß frisch
gepflückter Waldmeister

1. Wasser zum Kochen bringen und den Zucker auflösen und abkühlen lassen
2. Wein in eine große schöne Glasschale füllen und den Waldmeisterstrauß einhängen, sodass nur die Blätter in den Wein ziehen
3. 20-40 Minuten ziehen lassen
4. Zitrone waschen, in Scheiben schneiden und in die Schüssel geben
5. Abgekühltes Zuckerwasser und zuletzt sehr gut gekühlten Sekt oder Crémant hinzugeben

SALZ UND PFEFFER

Kräuter und Gewürze in der deutschen Küche

Anfangs aßen die Menschen, weil sie am Leben waren
und weil das Essen lecker war. Der moderne Mensch meint aber,
sein Essen würde keinen Geschmack haben, wenn er es
nicht mit raffinierten Gewürzen zubereitet. Versuche daher,
dein Essen nicht zu überwürzen, denn du wirst feststellen,
dass die Natur von sich aus vielfältige Geschmäcker
bereitstellt.

Masanobu Fukuoka,
The One-Straw Revolution

Historisch gesehen begann die Verwendung von Gewürzen in der deutschen Küche mit Salz, das aus Salzbergwerken und Salzquellen gewonnen wurde und wird. Die Süße kam zunächst von Zuckerrüben, die durch die Kolonialisierung allmählich durch Zuckerrohr ersetzt wurden. Meerrettich und Senf wurden als Verstärkung des Geschmacks verwendet, während Essig, Wein oder Fruchtsäfte für Säure sorgten. Zwiebeln, oft zusammen mit Knoblauch, wurden ebenfalls als starkes Gewürz verwendet. Schwarzer und weißer Pfeffer sowie Paprika wurden schon früh aus südeuropäischen Ländern importiert, ebenso Lorbeerblätter, Rosmarin, Basilikum und Oregano. Zahlreiche Kräuter, entweder frisch oder getrocknet, verleihen deutschen Rezepten einen nuancierten Geschmack.

Jahrhundertealte Handelswege aus Asien, Amerika und Afrika brachten Gewürze wie Piment, Nelken, Zimt, Vanille und Muskatnuss in die europäischen Küchen.

KRÄUTER, GETROCKNET ODER FRISCH

Lorbeerblätter
Pimpinelle
Kerbel
Dill
Gewürzfenchel
Liebstöckel
Knoblauch
Zitronenmelisse
Majoran
Minze
Beifuß
Zwiebel
Oregano
Petersilie
Rosmarin
Bohnenkraut
Thymian
Estragon
Kresse

GEWÜRZE AUS SAATGUT

Piment
Kümmel
Nelken
Fenchelsamen
Wacholder
Muskat
Senf
Pfeffer
Sternanis
Vanille

GEWÜRZE AUS FRÜCHTEN, RINDEN ODER WURZELN

Cayennepfeffer
Zimt
Chili
Knoblauch
Meerrettich
Zwiebel
Paprika

Der Geschmack von Senf und Senfkörnern ist aus der deutschen Küche nicht wegzudenken. Ganze Samen würzen Gerichte wie Suppen, Eintöpfe, Salatsaucen oder Eingemachtes. Senf ist ein beliebter Begleiter etwa zu Würstchen und Aufschnitt. Er variiert in Schärfe und Süße und wird typischerweise mit Bier, Kräutern oder Honig aromatisiert. In Hessen wird Senf oft mit einer süßen Fruchtkonfitüre (typischerweise Feigen) kombiniert und mit kräftigem oder gereiftem Käse und Brot serviert.

SENF

Für ca. 250 g

75 g Senfsamen
4 EL Wasser bzw. untergäriges Bier
3 ½ EL Weißweinessig*
1 EL Honig
Saft von einer ½ Zitrone
1 TL Salz

*Für die Herstellung von Biersenf Wasser durch Bier ersetzen.

Optional
Kräuter (typischerweise Estragon)

1. Senfkörner mit Mörser und Stößel zerkleinern
2. In eine Schüssel mit Wasser bzw. Bier geben und 30 Minuten lang einweichen
3. Essig, Salz und Honig in einen kleinen Topf geben und kurz köcheln lassen, bis sich alles aufgelöst hat; abkühlen lassen
4. Mit einem Mixer oder Pürierstab die abgekühlte Essigmischung langsam zu den fein zerkleinerten Senfkörnern geben; Zitronensaft und ggf. Kräuter hinzugeben und mixen, bis die gewünschte Konsistenz erreicht ist (falls die Masse noch zu fest ist, mehr Wasser bzw. Bier hinzugeben)
5. In Gläser füllen und verschließen; mindestens über Nacht in den Kühlschrank stellen, damit sich die Aromen entfalten können

Gekühlt aufbewahren und innerhalb von 6-8 Wochen verbrauchen.

Black Walnuts

1. pick in Juli, when nuts are green.
2. poke nuts several time with thick needle
3. Place in jar or bucket covered in water
4. change water everyday for 9-14 days.
5. Clean nuts with boiling water

→ a longer procedure

→ can't be eaten green

→ wear gloves, or hands turn black.

→ Tannin will extra-vasate

→ remaining Tannin will be removed

best after ← 1-2 years

! indulge ! with your fav. cheese

6. For 500 gr. Nuts cook 500 gr. sugar in 1/4 liter water. until sugar is dissolved and pulls strings.
7. Add nuts and cook until they turn black and soft
8. With silver-spoon (?) place in jars* and add the sirup
   * glas or stone
9. Cover with cloth and let stand at least 6 weeks

VERGESSENER GESCHMACK UND HAUSGEMACHTE DELIKATESSEN

„Der vergessene Geschmack" ist ein großartiges Thema, wenn man sich mit der kulinarischen Geschichte beschäftigt. Hier geht es um alte Rezepte, die über Generationen hinweg weitergegeben wurden, und um kulinarische Traditionen und Gewohnheiten, die einst gefeiert wurden. Auch lässt sich die gesellschaftliche Entwicklung gut daran ablesen. Man könnte sagen, dass unsere Essgewohnheiten, die Esskultur, ein Spiegel der sich verändernden Welt ist – und auch eine Reflektion der geopolitischen Lage eines jeweiligen Landes. Man denke nur daran, wie der Kolonialismus die Küchen in ganz Europa veränderte.

Die traditionelle deutsche Küche des letzten Jahrhunderts scheint langsam auszusterben. Sie ist schwer, fettig und basiert auf Fleisch, Milchprodukten und Getreide, wobei Gemüse oft eine untergeordnete Rolle spielt und meist verkocht wird. Heutzutage wird diese im Ausland als „typisch deutsch" angesehene Küche zunehmend als ungesund verpönt und nur noch als „Comfortfood" oder als nostalgische Erinnerung an früher genossen. Oft sind diese traditionell gekochten Gerichte ästhetisch nicht sehr ansprechend, weil es an Frische und Raffinesse fehlt.

Während meiner Erkundung deutscher Esskultur habe ich mit Freude festgestellt, dass die Menschen langsam anfangen, sich mehr Gedanken darüber zu machen, was auf ihren Tellern landet und woher die Lebensmittel stammen. Und dass mehr und mehr Menschen in hochwertige, handwerklich hergestellte Produkte investieren, anstatt zu sparen, nur um ein Schnäppchen zu machen. Dennoch wird über Essen und Esskultur immer noch nicht so viel gesprochen wie etwa in den mediterranen Ländern.

Die meisten Deutschen denken auch heute noch rein praktisch: Man isst etwas, weil man hungrig ist und ein körperliches Bedürfnis befriedigen muss. Glücklicherweise ändert sich diese Einstellung mit den modernen Lebensmittel- und Ernährungstrends, die zu einer gesünderen, nachhaltigeren Küche mit mehr selbst zubereiteten Lebensmitteln und weniger Fertigprodukten tendieren.

In deutschen Kochbüchern und im Internet findet man unter dem Stichwort „Vergessener Geschmack in deutschen Küchen" oft Rezepte, aber es gibt kaum vegetarische Rezepte, und sie sind fast alle auf Fleischbasis. Die gleichen Gerichte haben je nach Region oft unterschiedliche Namen. Zum Beispiel *Dibbelabbes*, ein Gericht aus Kartoffeln, Zwiebeln und Fleisch, das in einem gusseisernen Topf gebacken wird und auch als *Dibbekoche*, *Döppekooche*, *Dippedotz*, *Döbbekuchen* und *Schales* bekannt ist, je nachdem, ob man es in Westfalen, an den Ufern des Rheins, an der Mosel, in Rheinland-Pfalz oder im Saarland isst.

Bittere Wildkräuter, -pflanzen und -gemüse waren einst gängige Kochzutaten, wurden dann aber vergessen; heute erleben sie eine Renaissance. Im Mittelalter, in Zeiten von Kriegen und Hungersnöten, dienten alle wilden essbaren Pflanzen als Vitamin- und Mineralstofflieferanten. Heutzutage sind die Bitterstoffe vieler Gemüsesorten durch die Vermischung mit süßeren, weniger scharfen Sorten herausgezüchtet worden. Durch diese landwirtschaftlichen Praktiken haben viele Gemüsesorten ihren ursprünglichen Geschmack verloren (z. B. Radieschen, Meerrettich, schwarzer Rettich, Endivie, Rosenkohl und Radicchio).

In diesem Kapitel stelle ich eine Auswahl an Rezepten vor, die entweder in die Vergangenheit gerutscht oder höchstens in Feinkostgeschäften mit ausgefallenen Lebensmitteln erhältlich sind. Diese Delikatessen zu Hause zuzubereiten garantiert einen frischeren, authentischeren Geschmack und beeindruckt Freunde und Familie, denn sie eignen sich hervorragend als Geschenke. Überlieferte Rezepte für diesen „vergessenen Geschmack" wurden verfeinert und neu interpretiert. Ob als Beilage oder eigenständiges Gericht: Diese hausgemachten Köstlichkeiten markieren immer die Besonderheiten einer Jahreszeit.

Die Arche-Passagiere
Slow Food Deutschland

„Arche des Geschmacks" ist ein Projekt von Slow Food und archiviert weltweit regional bedeutsame Lebensmittel, Nutztierarten, Kulturpflanzen und auch traditionelle Arten der Zubereitung. Diese gelten im derzeitigen Lebensmittelsystem aufgrund der oft aufwendigen Herstellung oder Aufzucht als unrentabel oder sind schlicht „aus der Mode" gekommen.

Um sie vor dem Vergessen und Verschwinden zu schützen, bewahrt die „Arche des Geschmacks" das kulinarische Erbe der Regionen. Ausgehend von dem Wissen, dass biologische Vielfalt regionale Wurzeln besitzt, wird gesammelt, aufgeschrieben und katalogisiert.

Die Arche-Passagiere verdeutlichen, dass vielerlei alte Rassen und Sorten nicht nur einzigartig schmecken, sondern auch an regionale Klima- und Bodenverhältnisse, Kulturlandschaften oder spezifische landwirtschaftliche Praktiken, Küchen und Traditionen angepasst ist.

Die deutsche Arche des Geschmack hat gegenwärtig 81 Passagiere, darunter 24 Tierarten, 19 Gemüsesorten und 16 Früchte.

Diepholzer Gans, Echter Binkelweizen, Ermstäler Knorpelkirsche,
Filder-Spitzkraut, Finkenwerder Herbstprinz als Hochstamm,
Fränkischer Grünkern, Gelbvieh, Glanrind, Hinterwälder Rind,
Höri Bülle, Hutzeln von den Baumfeldern in Patschenbrunn,
Ismaninger Kraut, Jakob-Fischer-Apfel, Kasseler Strünkchen,
Kesselheimer Zuckererbse, Kölner Palm, Laufener Landweizen,
Leineschaf, Lippische Palme, Luikenapfel, Schwarze Birne,
Mangold, Sennfelder Stiel, Moorschnucke (Diepholzer), Münchener
Nieheimer Käse, Münsterbirne, Alblinse, Maiwirsing, Schwäbisch-
Hällisches Landschwein, Birkenfelder Rotapfel, Murnau-Werdenfelser
Rind, Musmehl, Bamberger Rettich, Nordhessische Ahle Wurscht
in traditioneller Herstellung, Original Braunvieh im Allgäu,
Palmischbirne vom Hochstamm, Brotzeitsemmeln, Ostheimer Leberkäs,
Paas Lintorfer Frühe, Rhönschaf, Rotes Höhenvieh, Schöner von
Herrnhut vom Hochstamm, Schwäbischer Dickkopf-Landweizen,
Schwarzblaue Frankenwälder Kartoffel, Skudde, Stuttgarter
Geißhirtle, Stuttgarter Leberkäs, Sundheimer Huhn, Tauberschwarz,

Lausitzer Nelkenapfel
Bühler Frühzwetschge
Champagner Bratbirne

Teltower Rübchen, Burger Brezel, Traditionelle Kirschsorten aus dem
Oberen Mittelrheintal, Wassenberger Sämling, Weideochse vom
Limpurger Rind, Weiße Gehörnte Heidschnucke, Weißlacker,
Würchwitzer Milbenkäse, Ahrtaler Köksje, Bamberger Spitzwirsing,
Augsburger Huhn, Musmehl, Allgäuer-Oberschwäbische Seele in
traditioneller Herstellung, Alpines Steinschaf, Alter fränkischer
Satz, Angler Rind alter Zuchtrichtung, Angler Sattelschwein,
Ansbach-Triesdorfer Rind, Augsburger Huhn, Coburger Fuchsschaf,
Bamberger Birnförmige Zwiebel, Bamberger Hörnla, Ramelsloher
Huhn, Bamberger Knoblauch, Bamberger Rauchbier traditioneller
Herstellungsart, Bautzener Kastengurke, Buntes Bentheimer Schwein,
Berliner Weiße in traditioneller Herstellung, Blauer Silvaner,
Blauer Frühburgunder, Bremer Scheerkohl, Brunnenkresse aus der
Erfurter Klinge

Rezepte mit eingelegten schwarzen Walnüssen sind in etlichen Ländern zu finden. Zahlreiche Arten von Walnussbäumen wachsen auf der ganzen Welt und werden sowohl wegen ihres Geschmacks und Gehalts an Nährstoffen als auch wegen ihrer Schalen geschätzt. Die Schalen werden zur Reinigung von weichen Metallen, Glasfasern, Kunststoffen, Holz und Stein verwendet. Es ist nicht ganz erforscht, wann und wo Walnussbäume zum ersten Mal angebaut wurden oder wie sie sich verbreiteten, aber man weiß, dass die Nüsse schon zu biblischen Zeiten genossen wurden. Walnussbäume kamen wahrscheinlich mit den Römern nach Deutschland und wurden zuerst in den südlichen Gebieten des Landes angebaut, wo das Klima milder ist.

Schwarze Walnüsse sind ein wahrer Genuss. Wenn du sie noch nicht kennst, solltest du sie unbedingt kosten! Die Nüsse müssen unreif und grün ca. Mitte Juni gepflückt werden; dies kann je nach Klima und Witterung variieren. Prüfe die Früchte, indem du mit einem Taschenmesser eine unreife Nuss halbierst.

Wenn sie bereits begonnen hat, die Schale im Inneren der Frucht zu bilden, ist es zu spät, sie für unsere Zwecke zu ernten, denn die eingekochten weichen Nüsse würden eine harte, dünne Schalenschicht enthalten, die sehr unangenehm zu kauen wäre! Wenn du keinen Walnussbaum hast, kannst du einen Nachbarn oder Bekannten nach grünen, unreifen Walnüssen fragen – oder einen Nussverkäufer auf einem Bauernmarkt.

SCHWARZE WALNÜSSE

Für ca. 1 kg eingekochte Walnüsse

1 kg grüne, unreife Walnüsse
700 g Zucker
1 l Wasser
1 Vanilleschote
1 Zitrone

Optional
Zimt, Kardamom, Sternanis

2-3 Wochen Vorbereitungszeit

Vorbereitung

Grüne, unreife Walnüsse enthalten viel Gerbsäure, die entfernt werden muss, bevor man sie konservieren kann. Dazu stichst du jede Walnuss mit einer Gabel rundherum an. Dann legst du die Nüsse 10-14 Tage in Wasser ein, wobei du das Wasser mindestens einmal, wenn möglich zweimal täglich wechselst. Du kannst einen Eimer oder ein großes Steingutgefäß oder Glas verwenden. Du kannst dabei zusehen, wie die Gerbsäure nach oben steigt und eine Schaumschicht bildet. Wenn alle Gerbsäure entzogen ist, sich also kein Schaum mehr bildet, bleibt das Wasser klar, höchstens leicht grün. Dann ist es an der Zeit, die Nüsse zu konservieren. Die Walnüsse haben nun eine bräunliche Farbe mit vielen schwarzen Flecken angenommen.

Einkochen der Walnüsse

1. Gläser gründlich reinigen (wenn du welche verschenken möchtest, nimm kleine Gläser)
2. In einem großen Kochtopf die Nüsse 30 Minuten lang mit Wasser bedeckt kochen, dann abseihen
3. Mehrere Nüsse in einzelne Gläser geben (du kannst die Nüsse halbieren oder in Scheiben schneiden. Ich halbiere sie auf jeden Fall, damit sich die Aromen auch in der Mitte der Nuss entfalten und ich später entscheiden kann, wie ich sie servieren möchte)
4. Nun 1l Wasser mit Zucker, Vanille und eventuell anderen Gewürzen deiner Wahl aufkochen, bis sich der Zucker vollständig aufgelöst hat
5. Die heiße Flüssigkeit über die Nüsse in die Gläser gießen und sofort verschließen
6. Für längere Haltbarkeit (bis zu 2 Jahre) die einzelnen Gläser im Ofen sterilisieren (s. Seite 202)

! Am besten Handschuhe tragen, da Walnüsse färben.

! Eingemachte schwarze Walnüsse müssen vor dem Verzehr mindestens 12 Wochen ruhen, damit sich der Geschmack entfalten kann.

Viele lieben Kräutersalz, weshalb es in vielen Gewürzregalen zu finden ist. Ich habe es früher auch fertig gekauft, fand aber, dass der Geschmack von Kräutersalz aus dem Laden etwas künstlich ist. Also mache ich es jetzt selbst.

Kräuter aus dem mediterranen Raum sind weniger wasserhaltig. Wenn man sie mit Salz mischt, absorbiert das Salz den Wassergehalt, und es entsteht eine gleichmäßige Textur mit einem fantastischen Geschmack. Du kannst jedes mediterrane Kraut verwenden: Rosmarin, Oregano, Thymian oder Salbei. Experimentiere einfach!

Kräutersalz kann in der Küche auf vielfältige Weise verwendet werden: zum Würzen, zum Verfeinern von Suppen oder Eintöpfen, auf Brot mit Butter, zum Marinieren von Fleisch oder zum Würzen von Fisch. Außerdem ist es ein schönes Geschenk.

KRÄUTERSALZ

Für ca. 300 g

250 g grobes Salz deiner Wahl
Ca. 50-75 g mediterrane Kräuter
(z. B. Salbei, Rosmarin, Thymian, Oregano)

Falls du die Kräuter waschen möchtest, trockne sie anschließend gründlich.

1. Alle Blätter von den Stängeln entfernen
2. In einem Mixer die Kräuter mit dem Salz mischen, bis die Kräuter und das Salz die gleiche Körnung haben
3. Falls die Mischung noch zu feucht ist, mehr Salz hinzufügen
4. Kleine Gläser mit dem Salz füllen und verschließen

Es ist wichtig, dass das gemischte Salz trocken ist. Richtig verschlossen und an einem kühlen Ort gelagert, ist es ein Jahr oder länger haltbar.

Kräuterzucker verleiht jedem Dessert, Kuchen, Müsli oder auch einer einfachen Schale Joghurt eine feine, ausgeprägte und wilde Süße. Hier kannst du dich ausprobieren und Aromen beliebig erforschen, etwa mit mediterranen Kräutern oder in Kombination mit Minze oder Zitronenmelisse.

Mediterrane Kräuter wie Rosmarin, Oregano, Thymian und Salbei sind unglaublich lecker in Kombination mit Zucker. Im Gegensatz zum Kräutersalz dürfen die Zuckerkristalle zusammenkleben. Minze oder Zitronenmelisse, die beide Wasser enthalten, funktionieren prima, um diesen Klebe-Effekt zu erzielen.

KRÄUTERZUCKER

Für ca. 300 g

250 g weißer Zucker
Ca. 50 g Rosmarin, Thymian, Oregano und/oder Salbei (jeweils einzeln oder in jeder beliebigen Kombination)
Ca. 50 g frische Minze oder Zitronenmelisse

Falls du die Kräuter waschen möchtest, trockne sie anschließend gründlich.

1. Alle Blätter von den Stängeln entfernen
2. In einem Mixer die Kräuter mit dem Zucker mischen und zerkleinern, bis Zucker und Kräuter kristallisierte Krümel bilden; ansonsten etwas mehr Blätter von Minze- oder Zitronenmelisse zugeben
3. Kleine Gläser mit dem Zucker füllen und verschließen

Wenn die Zuckermischung nicht zu feucht ist, hält sie kühl gelagert ca. 4 Monate oder länger.

Meine Mutter hat noch Soleier in einem großen Glas eingelegt, und ich erinnere mich, dass ich sie sehr gerne gegessen habe. Einst in Bars und Gaststätten erhältlich, wo sie mit Senf, Salz und Pfeffer serviert wurden, sind sie heutzutage aufgrund der strengeren Lebensmittelvorschriften kaum noch aufzufinden, ja beinahe vergessen. Diese hart gekochten Eier sind in einer Essiglake mit Salz, Gewürzen und anderen Zusätzen eingelegt und somit mehrere Monate haltbar. Die Rezepte variieren, das Endergebnis kann süß oder pikant sein.

Eine farbenfrohe Variante ist eine Rezeptur aus dem deutschsprachigen Teil Pennsylvanias, bei der ganze geschälte Rote Beten zusammen mit einer Zimtstange in die Salzlake gegeben werden. Die Eier färben sich rosa oder lila und haben einen wunderbar süß-sauren Geschmack.

SOLEIER

Für 10 Eier

10 mittelgroße Eier
6 EL Salz
8 EL Essig
4-5 Pimentbeeren
4-5 Wacholderbeeren
4-5 Lorbeerblätter
1 TL Kümmel
1 Stängel Rosmarin
Paar Stängel Dill
2 mittelgroße Zwiebeln

Optional
1 Rote Bete

1. 1 l Wasser mit den trockenen Gewürzen aufkochen und bei schwacher Hitze 5-10 Minuten ziehen und dann abkühlen lassen
2. Die Eier mit einer der Zwiebeln, ganz und ungeschält, etwa 10 Minuten kochen
3. Vom Herd nehmen und die Eier mit kaltem Wasser abschrecken
4. Schalen aufbrechen und Eier schälen
5. Eier, die zweite (geschälte) Zwiebel und frischen Dill in ein hohes Einmachglas geben und mit der Salzlake und dem Essig bedecken
6. Wenn du die Eier rosa haben möchtest, gib eine geschälte rohe Rote Bete in die Lake

Mindestens 1 Woche lang durchziehen lassen. Kühl gelagert halten sich Soleier 3-4 Wochen.

Quitten sind für ihr intensives Aroma und ihre geschmackliche Mischung aus leichter Süße und Herbheit bekannt. Die meisten Quittenarten sind zu hart und sauer, um sie roh zu essen. Zum Verzehr müssen sie deshalb gekocht oder geröstet werden. Die Früchte haben einen hohen Gehalt an Pektin und werden gerne zu Marmeladen, Gelees und Quittenpaste verarbeitet. Sie können auch nach dem Schälen und Entkernen ganz gebraten, gebacken oder ge-

dünstet werden. Das Fruchtfleisch färbt sich rosa, wenn es mit Zucker gekocht wird. Da Quitten nicht so süß sind wie Äpfel oder Birnen, eignen sie sich hervorragend für die Herstellung von Kompott und pikanten Konfitüren. Quittenkompott ist eine wunderbare Beilage zu Wildbret, Wildschwein und anderen Fleischgerichten. Gewürztes Quittenchutney passt zu fast allem, inklusive vegetarischer oder veganer Gerichte.

QUITTEN

Kompott

Für ca. 300 g

2 Quitten
250 ml Wasser

Optional
1 EL Zucker

1. Quitten schälen (Vorsicht, die Frucht ist sehr hart, und es erfordert etwas Geschick, sie beim Schälen und Schneiden festzuhalten)
2. Die Frucht mit einem großen scharfen Messer vierteln und das Kerngehäuse mit einem kleineren Messer entfernen
3. In einen Kochtopf geben, Wasser (und ggf. Zucker) hinzufügen, mit einem Deckel abdecken und bei sehr niedriger Hitze köcheln lassen, bis die Früchte langsam weich werden
4. Mit einer Gabel prüfen, ob sie weich sind, und ggf. einen Kartoffelstampfer verwenden, um ein glattes Kompott zu erhalten

Wenn du das Kompott oder Chutney einkochen möchtest, sterilisiere zunächst die Gläser und folge den Anweisungen auf Seite 202.

Chutney

Für ca. 300 g

2 Quitten
1 mittelgroße Zwiebel
2 Knoblauchzehen
Saft einer ½ Zitrone
1 TL Kokosnuss- oder Pflanzenöl
2 EL Wasser
1 EL Essig
1 EL Zucker
½ TL Salz
¼ TL von zerkleinerter bzw. geriebener Tamarinde
¼ TL Chili
¼ TL Kumin
¼ TL Zimt
¼ TL Ingwer

1. Quitten wie links beschrieben zubereiten, beiseitestellen
2. Zwiebel und Knoblauch schälen, fein hacken und in Öl im Kochtopf auf mittlerer Flamme leicht rösten
3. Gewürze, Salz, Wasser, Quittenviertel und Zucker zugeben
4. Zugedeckt bei schwacher Hitze 30-40 Minuten köcheln lassen; dabei prüfen, ob genug Flüssigkeit vorhanden ist, und ggf. mehr Wasser zugeben
5. Mit einer Gabel zu einem leicht groben Kompott zerdrücken

Als Beilage zu Wildschwein, Wildbret, Huhn, Pute, Lamm, jedem gebratenen Gemüse oder auch zu veganen oder vegetarischen Eintöpfen servieren

Gehörst du auch zu denen, die das Möhrengrün immer noch wegwerfen oder an Haustiere verfüttern, ohne zu wissen, wie lecker und nahrhaft es ist? Ein Pesto aus Karottengrün hat einen herben, frischen Geschmack und kann wie jedes andere Pesto gegessen werden. Karottengrün enthält viele Nährstoffe wie die Vitamine A und C, Kalzium und Eisen. Besonders schmackhaft ist dieses Pesto mit Kürbis- oder Sonnenblumenkernen. Verwende aber bitte nur das Grün von Bio-Möhren.

Ⓥ MÖHRENGRÜNPESTO

Für ca. 200 g

1 Bund Grün von Bio-Möhren (oder garantiert ungespritzten Blättern)
150 g Sonnenblumenkerne oder Kürbiskerne
230 ml Sonnenblumenöl oder Olivenöl
Saft von ½ Zitrone
Salz und Pfeffer
1 Eiswürfel

Versuche, frisches, junges Karottengrün zu finden. Je später im Sommer, desto bitterer schmeckt es, wobei du ein bitteres Pesto problemlos mit etwas Honig ausgleichen kannst.

1. Die kleinen grünen Blätter von den Stängeln entfernen und gründlich waschen
2. Braune Blätter entfernen und die grünen Blätter mit einer Schere in kleinere Stücke schneiden, damit sie sich nicht um die Klinge der Küchenmaschine wickeln
3. Alle Zutaten einschließlich des Eiswürfels* hinzugeben und pürieren, bis die Masse glatt ist
4. In ein Glas oder eine Schüssel umfüllen, einen Spritzer Olivenöl darübergeben, damit sich die Oberfläche nicht verfärbt
5. Geschmack prüfen und eventuell nachwürzen
6. Bis zum Servieren kühl stellen

*Durch den Eiswürfel bleibt ein herrlich frisches Grün erhalten.

Auf Nudeln, über Gemüse oder als Aufstrich auf Sandwiches servieren.

Gekühlt aufbewahren und innerhalb von 1-2 Wochen verbrauchen; du kannst eine Schicht Olivenöl hinzufügen, um es länger haltbar zu machen.

Frankfurter Grüne Sauce wird in der Regel aus mindestens sieben der folgenden Kräuter hergestellt: Borretsch, Pimpinelle, Kerbel, Schnittlauch, Dill, Petersilie, Sauerampfer, Estragon und Brunnenkresse. Traditionell beginnt die Saison am Gründonnerstag und endet mit dem ersten Frost im Herbst. Frankfurter Grüne Sauce wird zu Fisch, Fleisch oder Kartoffeln mit hart gekochten Eiern gegessen. Die Soße ist eine hessische Delikatesse und ein Highlight im Frühjahr, wenn sich die Gaumen in den nördlichen Teilen Europas nach einem langen Winter nach frischem Grün sehnen.

(veg) FRANKFURTER GRÜNE SAUCE

Für ca. 300 g

Ca. 300 g der 7 oder mehr oben erwähnten frischen Kräuter, fein gehackt
Saft einer ½ Zitrone
1 TL Senf
3-4 EL Joghurt, Quark oder saure Sahne*
Salz und Pfeffer

*Vegane Version
Ersetze das Milchprodukt mit 4–5 EL Olivenöl oder einem veganen Ersatz.

6. Abschmecken und die Würze mit Salz, Pfeffer, Zitrone und Senf korrigieren, bis sie gut ausgewogen ist (Senf und Zitrone sollten nuanciert und nicht zu stark sein)

Mindestens 1 Stunde vor dem Servieren in den Kühlschrank stellen.

1. Alle Kräuter gründlich waschen und dicke Stiele entfernen
2. Abseihen und gut trocknen
3. Kräuter mit einem großen Messer oder einem Wiegemesser auf einem Holzbrett sehr fein hacken
4. In eine Schüssel geben
5. Saure Sahne, Joghurt oder Quark, Senf, Zitrone, Pfeffer und Salz unterrühren

! Versuche, ein geschmackliches Gleichgewicht zwischen den Kräutern herzustellen. Nimm also gleichmäßige Mengen – außer beim Estragon, da dessen Geschmack sehr kräftig ist und die anderen Aromen überwältigen kann.

! Benutze keine Küchenmaschine, weil sich dadurch Fasern und Wasser der Kräuter trennen würden.

Gewürzgurken sind kleine, unreife Gurken, die in kochendem Kräuteressig eingelegt und pasteurisiert werden. Typische Zutaten für die Salzlake sind Dill, gelbe Senfkörner, Zwiebeln, Salz und manchmal Zucker und Pfeffer. Gewürzgurken gibt es in verschiedenen Formen. Die sehr kleinen, krummen Cornichons werden oft als Beilage zu Vorspeisen oder zum Abendbrot gereicht.

Aus dem Südosten der Hauptstadt kommen die Spreewaldgurken, die in dem Biosphärenreservat Spreewald gezüchtet werden. Dort gabelt sich die Spree in Hunderte kleiner Flüsse, die den Spreewald wie einen nordeuropäischen Dschungel aussehen lassen. Zwischen diesen Fließgewässern ist der Boden reich an Mineralien und eignet sich hervorragend zum Anbau für Gemüse. Gewürzgurken werden als Beilage zu Grillpartys, zum Abendbrot, in Kartoffelsalaten und als Zutat für einige wenige Kochgerichte wie Rinderrouladen oder Senf-Eier genutzt.

EINGELEGTE GURKEN

Für 3 große Einmachgläser (500 g)

2 kg kleine Gurken
1 Bund frischer Dill
6 TL Senfkörner
3 mittelgroße Zwiebeln
Schwarzer Pfeffer
4-6 Pimentkörner
2 Stängel Estragon
6 Lorbeerblätter
750 ml Apfel- oder Weißweinessig (mit 10 % Säure)
1 ½ l Wasser
9 TL Salz
3 TL Zucker

1. Gurken gründlich waschen und fest in Gläser packen
2. Wasser, Essig und Gewürze zum Kochen bringen und mindestens 10 Minuten köcheln lassen
3. Sole abkühlen lassen und in die Gläser füllen, sodass die Gurken bedeckt sind
4. Gläser einkochen (s. Seite 202)

Mindestens 2 Wochen ziehen lassen.

Nach dem Öffnen im Kühlschrank aufbewahren und innerhalb von 3 Monaten aufbrauchen.

Ein Rumtopf ist eine Mischung aus diversen Sommer- und Herbstfrüchten, die über mehrere Monate in Rum eingelegt und traditionell um die Weihnachtszeit serviert wird. In Österreich, Deutschland, Dänemark und Norditalien eine beliebte Methode, um Obst länger haltbar zu machen oder auch übrig gebliebenes Obst zu verwerten.

Die Geschichte des Rumtopfes beginnt in der Kolonialzeit, als Seefahrer exotische Früchte in großen Holzfässern transportierten – neben Rum. Man sagt, dass in einem Rumfass Früchte entdeckt wurden, die vom Alkohol konserviert und sehr aromatisch waren. Die Händler begannen, die konservierten Früchte in kleineren Steinguttöpfen zu verkaufen: Die Idee des Rumtopfes war geboren.

Meine Mutter stellte im Sommer einen großen, mit Rum gefüllten Steinguttopf mit Deckel in unserem Keller auf und fügte nach und nach verschiedene reife Früchte hinzu, je nachdem, was gerade Saison hatte: Kirschen im Juni, Aprikosen und Pfirsiche im Juli, Johannisbeeren im August und Pflaumen im September. Der Rum konserviert die Früchte und macht sie zu einem fantastischen Dessert, das man mit Eis, über Pudding oder pur als alkoholisierte Köstlichkeit zu Weihnachten genießen kann. Aber lass dich nicht täuschen: Der Alkoholgehalt ist sehr hoch, sodass du nach ein paar Stücken Obst schnell sehr betrunken werden kannst!

RUMTOPF

Für 750 ml und 1 kg Obst

750 ml Rum
1 kg reife Früchte der Saison*

Optional
Vanillestange, Zucker

*Verwende alles, was gerade Saison hat, aber verzichte auf sehr weiche Früchte wie Erdbeeren, Himbeeren oder Brombeeren, denn wenn der Rumtopf serviert wird, haben sie sich bereits aufgelöst, oder es bleiben unschöne matschige Stücke in der Flüssigkeit zurück. Kirschen ganz lassen, sonst zerfallen auch sie, genau wie die Erdbeeren. Aprikosen oder Pfirsiche können in größere Stücke geschnitten werden. Zwetschgen und Pflaumen können entkernt und halbiert werden. Entferne das Kerngehäuse von Äpfel und Birnen und schneide diese in kleinere Stücke.

1. Stein- oder Keramiktopf mit Deckel verwenden
2. Rum in den Topf gießen
3. Früchte waschen, ggf. schneiden und entsteinen
4. Früchte dem Rumtopf hinzufügen
5. Mindestens 6 Wochen, am besten bis Weihnachten, ruhen lassen

Pur servieren oder über Vanilleeis oder Pudding gießen.

Abgedeckt an einem kühlen, dunklen Ort bis 8 Monate oder länger haltbar.

Schwarze Johannisbeeren sind in den gemäßigten Zonen Mittel- und Nordeuropas und Nordasiens beheimatet, wo sie in großem Umfang sowohl kommerziell als auch für den Hausgebrauch angebaut werden. Schwarze Johannisbeeren sind besonders reich an Vitamin C und können roh verzehrt werden. Wegen ihres pikanten und leicht bitteren Geschmacks werden sie in der Regel in einer Vielzahl süßer wie herzhafter Gerichte gekocht. Sie werden zur Herstellung von Konfitüren, Gelees, Sirups und alkoholischen Getränken verwendet und für die Saftindustrie kommerziell angebaut. Sowohl die Früchte als auch die Blätter werden in der traditionellen Medizin und zur Herstellung von Farbstoffen verwendet.

Cassis oder *Crème de Cassis* ist ein süßer, tiefpurpurroter, beinahe violetter Likör mit Ursprung in der französischen Region Burgund. Die alkoholfreie Version als Sirup ist köstlich zu Desserts oder zu Gerichten mit Wildschwein oder Wildbret.

CASSIS

Sirup aus Schwarzen Johannisbeeren

Für ca. 1 l

1 kg schwarze Johannisbeeren
350 g Zucker
1 l Wasser
Saft von 1 Zitrone

Optional
Vanille

1. Johannisbeeren waschen, von den Stielen entfernen und in einen großen Kochtopf geben
2. Wasser hinzufügen und langsam zum Kochen bringen. Zugedeckt bei schwacher Hitze ca. 15-20 Minuten köcheln lassen, bis sich die Beeren aufgelöst haben. Während dieser Zeit kannst du die Flaschen reinigen
3. Entweder mit einem großen Sieb und einem Holzlöffel oder mit einer Obstmühle über einer Schüssel abseihen (sei dabei geduldig und gründlich, es bleibt immer mehr Saft im Sieb, als man denkt; du kannst das Sieb oder die Mühle anheben und mit einem Löffel am Boden entlangfahren, um den dickeren Saft abzuschaben)
4. Flüssigkeit in den Topf zurückgeben
5. Zucker und Zitronensaft (und ggf. Vanille) hinzufügen
6. Zum Kochen bringen und unter ständigem Rühren 4-5 Minuten köcheln lassen
7. Die heiße Flüssigkeit in Flaschen füllen und sofort verschließen

Über Vanilleeis und Waffeln, zum Aromatisieren von Limonaden, Schorlen und Cocktails oder als Begleitung zu Wildschwein, Wildbret oder Ente.

Nach dem Öffnen im Kühlschrank aufbewahren und innerhalb von 2-3 Wochen aufbrauchen.

Schokolade kam zu Beginn des 17. Jahrhunderts in die deutschen Regionen, nachdem sie in anderen europäischen Ländern bereits gut bekannt war. Schokolade wurde lange Zeit als Arzneimittel in Apotheken verkauft und erst 1673 dank dem holländischen Kaffeehändler Jan Jantz van Heusden der breiteren Öffentlichkeit zugänglich gemacht: Dieser erhielt für sechs Monate eine Lizenz zur Herstellung und zum Ausschank exotischer Getränke wie Kaffee und heißer Schokolade in Bremen.

Schokolade war aufgrund des hohen Preises, der sich aus Zöllen und Zollgebühren ergab, lange den Wohlhabenden vorbehalten. Bremen erhob 1695 sogar eine Luxussteuer von 10 Prozent auf Kakao. Allerdings führte die wachsende Nachfrage dazu, dass Mitte des 18. Jahrhunderts die ersten Schokoladenfabriken in der Nordstadt entstanden. Die Herstellung von Schokolade erforderte echte Handwerkskunst, die von portugiesischen Experten geliefert wurde.

Der Bremer Hafen lieferte diese exotische Ware in die deutschen Regionen und entfachte eine tiefe kulinarische Liebe zur Schokolade. Noch heute ist die deutsche Schokolade raffiniert und ausgewogen. In Städten wie Dresden, Köln, Hamburg und Berlin entstanden Schokoladenfirmen, von denen viele auch heute noch Produkte für den lokalen und internationalen Markt herstellen. Mit fast 11 kg pro Person im Jahr liegen die Deutschen beim Schokoladenkonsum an der Spitze des Kontinents, gefolgt von den Schweizern. Dieses Rezept verbindet die deutsche Vorliebe für Schokolade und Kaffee und erinnert an die Ursprünge beider Genussartikel im Bremer Hafen. Und so ist Kaffeeschokolade ein erfrischender Snack für den Nachmittag und ein wunderbares Geschenk für jeden Anlass.

BREMER KAFFEEBOHNEN (v)

Für ca. 150 g

50 g dunkle bittere Schokolade (mind. 70 %)
2 EL Zucker
1 EL Kokosfett
Ca. 50 g Puderzucker
100 g geröstete Kaffeebohnen
Ca. 40 g Kakao

1. Backschokolade mit Zucker und Kokosfett in einem kleinen Topf über einem Wasserbad (s. Seite 202) unter ständigem Rühren schmelzen, bis sich alles aufgelöst hat
2. Ein Blatt Pergament- oder Backpapier auf eine ebene Fläche legen
3. Die Schokoladenmasse auf das Papier gießen und die Kaffeebohnen gleichmäßig darauf verteilen
4. Mit einem Holzlöffel die Kaffeebohnen vorsichtig hin und her bewegen, sodass sie gleichmäßig mit der geschmolzenen Schokoladenmischung überzogen werden
5. Nach und nach Kakaopulver bestreuen und sie immer wieder hin und her bewegen
6. Gleichmäßig mit Puderzucker bestäuben (die Kaffeebohnen sollten jetzt nicht mehr feucht sein; wenn sie es noch sind, den Vorgang entweder mit mehr Kakao oder Puderzucker wiederholen)

In Gläser oder Geschenktüten verpacken

Innerhalb 3-4 Monate aufbrauchen.

BROTZEIT

Deutschland ist weltweit für sein Brot bekannt und kann sich einer großen Vielfalt mit rund 300 Variationen von Broten, Gebäck und Brötchen rühmen. Diese immense Auswahl ergibt sich aus den verschiedenen Getreidesorten, die zum Brotbacken verwendet werden: Weizen, Roggen, Dinkel, gemischt mit Hafer, Buchweizen, Hirse oder Leinsamen, Sonnenblumen- und Kürbiskernen. Brote können mit grobem oder feinem Mehl gefertigt werden, als Hefeteig oder fermentiert als Sauerteig. Backverfahren, Teigformung und Gewürze tragen zur enormen Vielfalt der regionalen Spezialitäten bei.

Beim Frühstück wird Brot oft in Form von Brötchen, Hörnchen, geschnittenem Vollkornbrot oder Toast genossen, gerne mit süßen Aufstrichen. Zum Abendbrot oder zur Brotzeit mag man es eher herb – mit Butter, Aufschnitt, Käse oder Gemüsepasten. Brot wird außerdem als Beilage zu Suppen und Eintöpfen serviert.

Das Wissen über das Getreide und die Backverfahren ist ein zentraler Bestandteil der langen Tradition des Brotbackens, das von Generation zu Generation, vom Meister zum Gesellen bis zum Lehrling weitergegeben wird.

Viele Brote werden mit Roggenmehl als Grundlage für den Teig hergestellt; selbst wenn du zum Beispiel ein Weizenvollkornbrot kaufst, enthält es höchstwahrscheinlich einen Anteil Roggen. Reines Weizenbrot wird häufig in Form von weichen Toastbroten oder weißen (französischen) Landbroten und Baguette hergestellt.

Da immer mehr Verbraucher nach glutenfreiem Brot suchen, bieten Bäcker jetzt reine Körnerbrote an, die mit Hafer und eingeweichten Körnern (Leinsamen, Sonnenblumenkernen, Kürbiskernen) gebacken. werden. Beliebt sind Buchweizen-, Reis-, Hirse- und Kastanienmehle, die kein oder kaum Gluten enthalten, im Gegensatz zu Weizen, Dinkel und Roggen.

Emmerweizen, auch bekannt als Urweizen, ist eines der ältesten kultivierten Getreidesorten und stammt ursprünglich aus dem Nahen Osten. *Emmer* und sein naher Verwandter *Kamut* sind in weißen und roten Varianten erhältlich und werden beispielsweise in Italien für Brot (*pane di farro*) und Pasta verwendet.

SAUERTEIG-STARTER UND BROT

Das Ansetzen deines eigenen Sauerteigs ist einfach und ähnelt dem Züchten und der Pflege von Samenpflanzen. Wenn du den sogenannten Starter (die Sauerteig-Vorstufe) einmal im Griff hast, kann er sehr lange leben – davon abhängig, wie gut du ihn pflegst.

Um das Brotbacken zu beherrschen, braucht man Übung und die Bereitschaft, zu experimentieren, zu beobachten und aus Fehlern zu lernen. Es gibt Millionen von Brotrezepten, die du ausprobieren kannst. Ich habe festgestellt, dass ein großer Teil für die erfolgreiche Herstellung eines Brotes von Dingen abhängt, die man nur teilweise kontrollieren kann: Klima, Ofen, Raumtemperatur usw. (Ich war sehr überrascht, als ein Sauerteig-Starter, den ich in

San Francisco angesetzt hatte, schon am zweiten Tag zu blubbern begann und am dritten Tag überfloss). Das folgende Rezept ist eine abgewandelte Version aus Malin Elmlids „*The Bread Exchange*" (München: *Prestel Verlag*, 2015). Ich mag ihre Begeisterung für das Brotbacken, denn sie macht deutlich, dass es bei der Kunst des Backens darum geht, im Flow zu sein und quasi eine Beziehung mit dem Teig aufzubauen. Sauerteigbrote brauchen Zeit, um zu gehen. Wenn du nicht viel Zeit hast, kannst du auch ein bisschen schummeln und dem Teig etwas Hefe hinzufügen.

STARTER

Für 1 Glas Sauerteig-Starter

Reines Roggenmehl
Warmes Wasser (ca. 40 °C)
1 großes Glas mit Deckel

5 Tage Vorbereitungszeit

1. 120 ml warmes Wasser und 30 g Mehl in einem großen Glas mit einem Holzlöffel gut verrühren
2. Locker mit dem Deckel verschließen (sodass noch Luft eindringen kann) und an einem warmen Ort (Zimmertemperatur, aber nicht wärmer als 29 °C) 3 Tage stehen lassen; dann sollte es anfangen zu blubbern
3. Am 3. Tag 1 EL Roggenmehl einrühren
4. Am 4. Tag gibst du weitere 60 g Roggenmehl und 120 ml warmes Wasser zu deinem Starter hinzu; am Abend sollte die Gärung begonnen haben (am besten mit der Nase prüfen: Er sollte wie ein stinkender Käse riechen; wenn nicht, ¾ wegwerfen und zum restlichen Starter 120 ml Wasser und 60 g Roggenmehl hinzufügen, gut mischen und bis zum nächsten Tag warten)
5. Am 5. Tag sollte der Starter sichtbar gewachsen und mit einer Schaumschicht bedeckt sein. Jetzt kannst du deinen Starter benutzen
6. Sobald du deinen Sauerteig-Starter zum Brotbacken verwendest, füttere ihn immer wieder mit 60 g Mehl und 120 ml warmem Wasser
7. Wenn der Starter fertig ist, kannst du auch auf anderes Mehl wie Weizen oder Dinkel umsteigen

BROT

Für 2 Brote

100 g Sauerteig-Starter
300 g warmes Wasser
400 g Weizenmehl
10 g Salz

24 Stunden Vorbereitungszeit

1. Sauerteig-Starter, Wasser und Mehl in einer Rührschüssel vermischen (der Teig darf klebrig sein, sollte aber keine Klumpen haben) und 30 Miuten ruhen lassen
2. Mit Salz bestreuen und mit den Händen durch kneten (wenn der Teig zu klebrig ist, etwas mehr Mehl verwenden; wenn er zu trocken ist, etwas mehr Wasser)
3. Sobald der Teig eine glatte Konsistenz hat, falte den Teig, indem du die äußeren Seiten immer wieder neu nach innen faltest (ähnlich dem Falten eines T-Shirts)
4. Ca. 1 Stunde ruhen lassen, dann nochmals 5 Minuten kneten, falten und ruhen lassen; dies in den nächsten 4 Stunden mehrmals wiederholen
5. Nach dem letzten Kneten und Falten den Teig in eine Schüssel geben, mit einem feuchten, sauberen Tuch abdecken und über Nacht ruhen lassen (die Raumtemperatur sollte nicht höher als 18 °C sein)
6. Den Teig erneut kneten und falten, bis er glatt und elastisch ist
7. Ein sauberes Geschirrtuch aus Leinen (Hinweis zur Verwendung von Geschirrtüchern aus Leinen, s. S. 202) auf eine ebene Fläche legen und mit einem anderen Mehl (Reis oder Buchweizen) bestreuen
8. Den Teig auf das Leintuch geben, dann das Tuch mit dem Teig in einen Gärkorb legen und mit einem weiteren sauberen Küchentuch abdecken
9. Mehrere Stunden (mind. 4) ruhen lassen
10. Den Backofen auf 250 °C vorheizen und eine feuerfeste Schüssel mit 220 ml Wasser auf den Boden des Ofens stellen
11. Nun kannst du die Oberfläche des Brotes nach Belieben einritzen und mit Mehl bestäuben
12. Das Brot etwa 20–30 Min. goldbraun backen

Dies ist eine köstliche Butter zum Abendbrot, zu gegrillten Speisen, als Vorspeise mit Brot oder auch als schneller Snack mit Crackern. Diese Butter ist sehr einfach zuzubereiten, und ihre tolle Farbe bringt Leben auf den Tisch.

ROTE-BETE-BUTTER

Für ca. 300 g

1 große oder 2 mittelgroße rohe Rote Beten
150 g Butter
1 Knoblauchzehe
Salz und Pfeffer

1. Rote Bete 40 Minuten lang kochen oder backen, bis sie weich ist
2. Butter bei Zimmertemperatur weich werden lassen
3. Knoblauch schälen
4. Alles mit einem Stabmixer pürieren, bis es glatt ist
5. Mit Salz und Pfeffer abschmecken
6. Mind. 2 Stunden im Kühlschrank durchziehen lassen

Räucherforellenaufstrich ist ein einfacher und schneller Brotaufstrich und kann mit oder ohne Milchprodukte zubereitet werden. Schmeckt wunderbar auf Pumpernickel oder jedem anderen dunklen Vollkornbrot.

GERÄUCHERTE FORELLEN-PATÉ

Für ca. 300 g

2-3 geräucherte Forellenhälften
1 EL Olivenöl
1 Bund Schnittlauch
2 TL Zitronensaft
Salz und Pfeffer

Optional
100 ml saure Sahne oder Crème fraîche
1 TL Kapern
Pumpernickel oder ein anderes dunkles, herzhaftes Vollkornbrot

1. Alle Zutaten in der Küchenmaschine oder mit dem Pürierstab mixen

2. Abkühlen lassen und mit Pumpernickel oder Vollkornbrot servieren

3. Mit frischem Schnittlauch bestreuen

KRÄUTERBUTTER UND KRÄUTERQUARK

Da es im Sommer in Deutschland so viele frische Kräuter in Gärten, auf Feldern, auf Bauernmärkten und in Supermärkten gibt, liegt es nahe, dass Kräuterbutter oder Kräuterquark entsprechend beliebt sind. Kräuterbutter wird oft als Vorspeise auf Brot oder zu gegrilltem Fleisch serviert, Kräuterquark traditionell zu Ofenkartoffeln oder ebenfalls als Brotaufstrich.

Für die Herstellung von Kräuterbutter eignen sich die meisten frischen Kräuter, mit ein paar Ausnahmen: Brunnenkresse und Sauerampfer etwa geben zu viel Flüssigkeit ab, wenn sie fein geschnitten werden. Daher sollten sie eher für Kräuterquark verwendet werden. Estragon, Rosmarin und Salbei bitte sparsam einsetzen, da ihr kräftiges Aroma schnell überhandnehmen kann.

KRÄUTERBUTTER

Für 350 g

250 g Butter
100 g frische Kräuter*
2 Knoblauchzehen
Salz und Pfeffer

*Petersilie, Schnittlauch, Dill und Kerbel zu gleichen Anteilen; Estragon, Rosmarin und Salbei wegen des starken Aromas sparsam einsetzen.

1. Butter bei Zimmertemperatur weich werden lassen
2. Kräuter waschen und Blätter von den dicken Stielen entfernen
3. Kräuter hacken
4. Knoblauch hacken
5. In einer großen Schüssel die Butter mit den Kräutern, Knoblauch, Salz und Pfeffer gut vermengen
6. In eine Servierschüssel umfüllen und mind. 1 Stunde lang im Kühlschrank kühlen, damit sich die Aromen entfalten können

KRÄUTERQUARK

Für 350 g

250 g Quark
100 g frische Kräuter*
Salz und Pfeffer

*Petersilie, Schnittlauch, Dill, Kerbel, Brunnenkresse und/oder Sauerampfer zu gleichen Anteilen; Oregano, Thymian und Bohnenkraut wegen des starken Aromas sparsam benutzen.

Optional
1 kleine Zwiebel oder 2-3 Schalotten
1-2 Spritzer Zitronensaft

1. Kräuter waschen und Blätter von den dicken Stängeln entfernen
2. Kräuter hacken (optional auch Zwiebel oder Schalotten)
3. In einer großen Schüssel den Quark mit den Kräutern, Salz, Pfeffer und ggf. Zitronensaft verrühren
4. In eine Servierschüssel umfüllen und mindestens 1 Stunde im Kühlschrank abkühlen lassen, damit sich die Aromen entwickeln können

Mit fein geschnittenen Frühlingszwiebeln oder Schnittlauch bestreuen.

Für viele hierzulande ist das Frühstück immer noch die wichtigste Mahlzeit des Tages. In der Regel ist es eher eine süße als eine herzhafte Mahlzeit und besteht aus einer Vielzahl an herzhaften Broten, Brötchen oder Croissants, Kaffee, Marmelade und natürlich Nutella. Als ich aufwuchs, vermarktete der Hersteller Ferrero Nutella als gesundes Produkt, das „gesunde" Zutaten wie Nüsse und Milch sowie Mineralstoffe wie Kalzium und Eisen enthält. Heute wissen wir, dass es in erster Linie eine köstliche Zuckerbombe ist. Ich bin mit Nutella aufgewachsen, kann es aber überhaupt nicht mehr essen, weil ich es viel zu süß finde.

Bei einem Rohkostseminar habe ich ein tolles Rezept für rohen Schokoladen-Haselnuss-Aufstrich kennengelernt. Darin kann man die Nüsse und vor allem die Schokolade schmecken. Du kannst hier wunderbar mit verschiedenen Ölen, Kakaopulvern und anderen Trockenfrüchten (Datteln, Feigen, Aprikosen, Rosinen oder Pflaumen) experimentieren.

(v) ROHES SCHOKOLADEN-HASELNUSS-MUS

Für 300 g

180 g Haselnüsse
3 EL Kokosöl
100 g rohe Kakao-Nibs
6-8 Datteln
2 EL ungesüßtes hochwertiges Kakaopulver
½ Vanillestange oder ½ TL pures Vanilleextrakt
1 Prise Salz

Optional
1-2 TL Muscovado- oder Rohrzucker

12 Stunden Vorbereitungszeit

1. Haselnüsse und Datteln über Nacht in Wasser einweichen
2. Abseihen, Datteln entsteinen und in kleine Stücke schneiden
3. In einem Mixer oder einer Küchenmaschine zuerst die Kakao-Nibs zerkleinern und dann Kokosöl, Haselnüsse, Datteln, Vanille und Salz hinzufügen
4. Kakaopulver hinzugeben
5. Abschmecken und nach Belieben anpassen: Zucker, Kakaopulver; Kokosöl für die Geschmeidigkeit entsprechend hinzufügen

Ungekühlt innerhalb einer Woche aufbrauchen.

WECHSELNDE JAHRESZEITEN, WECHSELNDER APPETIT

Deutschland liegt in den milden und kühlen gemäßigten Klimazonen der nördlichen Hemisphäre und ist eine Übergangsregion zwischen dem maritimen Klima Westeuropas und dem kontinentalen Klima Osteuropas. An einem Ort mit wechselnden Jahreszeiten zu leben bedeutet, dass wir unser Leben im Lauf eines Jahres in vielerlei Hinsicht anpassen müssen.

Wenn der Herbst beginnt, ziehen wir mehr Kleidung an, drehen die Heizung auf und verlegen unsere Aktivitäten von draußen nach drinnen. Wir ändern auch unsere Essgewohnheiten, da unser Körper eine höhere Kalorienzufuhr benötigt, um warm zu bleiben. Wenn die Temperaturen sinken oder es stark regnet und schneit, verlangt unser Körper nach mehr Proteinen und Kohlenhydraten sowie nach bestimmten Vitaminen und Fetten.

Im Sommer, wenn die Temperaturen über 30 °C steigen können, sinkt unser Appetit, und wir greifen intuitiv zu leichteren Speisen wie frischen Salaten, Obst und Gemüse, unter anderem auch, weil diese Produkte genau zu dieser Zeit reif sind. Und was im Sommer eine ganze Mahlzeit sein kann, verringert sich im Herbst und Winter häufig zur Vorspeise.

Eine Suppe ist vielleicht die bekannteste Form von Essen, die gerne zu jeder Jahreszeit genossen wird. Es gibt aber auch eine Handvoll anderer typisch deutscher Gerichte, die ebenfalls mit den Jahreszeiten „wandern".

Flammkuchen (*tarte flambée*) ist ein süddeutsches Gericht, das vermutlich von Bauern aus dem Elsass, aus Baden und Rheinland-Pfalz erfunden wurde. Flammkuchen blieb lange Zeit ein hausgemachter Klassiker und schaffte es erst mit dem Pizza-Wahn der 1960er-Jahre auf die Speisekarten der Restaurants.

Dünnes Fladenbrot wurde verwendet, um die Hitze der Holzöfen zum Backen von Brot zu testen. Wenn es innerhalb von 1-2 Minuten in der Mitte des Ofens durchgebacken war, wusste man, dass der Ofen die richtige Temperatur hatte.

Der Teig wird traditionell sehr dünn in Form eines Rechtecks ausgerollt und mit dünn geschnittenen Zwiebeln oder Lauch, Speck und saurer Sahne belegt. Alternativen sind beispielsweise Äpfel oder Birnen mit Blauschimmelkäse.

FLAMMKUCHEN

Für 1 normal großes Backblech

Teig
200 g Mehl
3 EL Olivenöl
Ca. 90 ml warmes Wasser
1 TL Salz
1 Ei

Traditioneller Belag
3 große oder einige mittelgroße Zwiebeln
50-75 g durchwachsener Speck
200 ml saure Sahne oder Crème fraîche

Vegetarischer Belag
200 g Pilze der Saison
200 g Kürbis
1-2 große Zwiebeln
200 ml saure Sahne oder Crème fraîche

Vegane Version
Lass das Ei im Teig weg und benutze 1 EL mehr Olivenöl. Für den Belag lässt du Sahne und Crème fraîche weg und ersetzt beides mit 3 EL Olivenöl oder einer veganen Alternative

Teig

1. Backofen auf 220 °C vorheizen
2. Mehl, Ei, eine Prise Salz und Olivenöl in einer Schüssel vermengen
3. Mit dem Kneten beginnen und langsam, nach und nach, warmes Wasser hinzufügen WICHTIG: nur so viel Wasser wie nötig verwenden (wenn der Teig zu klebrig ist, etwas mehr Mehl nehmen; wenn er zu trocken ist, etwas mehr Wasser oder Öl hinzufügen)
4. Mindestens 5 Minuten lang kneten, bis eine glatte Teigkugel entsteht, ähnlich einem Pizzateig
5. In eine Schüssel geben, mit einem sauberen Geschirrtuch abdecken und beiseitestellen

Klassischer Belag

1. Zwiebeln schälen und in sehr dünne Ringe schneiden
2. Speck in kleine Würfel schneiden (wenn dieser sehr fettig ist, die Würfel 5-10 Minuten in etwas Wasser kochen, um das überschüssige Fett zu lösen, abseihen und auf Küchenpapier trocknen lassen. Speck hat oft einen dominierenden Geschmack, der durch Abkochen reduziert wird)
3. In einer großen Schüssel die saure Sahne aufrühren, salzen und pfeffern und Zwiebeln und Speck untermischen

Vegetarische Version

1. Rohen Kürbis entkernen, bei Bedarf schälen und in dünne Scheiben schneiden
2. Champignons putzen und ebenfalls in Scheiben schneiden
3. Mit saurer Sahne oder Crème fraîche, Salz und Pfeffer vermengen
4. Mit der Mischung das vorgebackene Fladenbrot, wie in der klassischen Version, belegen

Backen

1. Backblech leicht mit Öl einfetten oder mit Backpapier auslegen
2. Eine saubere Fläche mit Mehl bestäuben und den Teig zu einem sehr dünnen Rechteck bzw. in einer passenden Form, die der Größe des Backblechs entspricht, ausrollen
3. Den Teig vorsichtig auf das Backblech heben und an den Rändern eine kleine Erhebung formen
4. Oberfläche gleichmäßig mit etwas Olivenöl bestreichen
5. Fladenbrot ca. 10 Minuten vorbacken, bis es leicht knusprig ist (es sollten sich kleine Bläschen bilden)
6. Fladenbrot aus dem Ofen nehmen und die Zwiebel-Sauerrahm-Mischung gleichmäßig in einer dicken Schicht darauf verteilen
7. Weitere 40-50 Minuten bei 200 °C backen, bis die Kruste goldbraun ist und die Zwiebeln sich gesetzt haben (manchmal geben die Zwiebeln viel Flüssigkeit ab, manchmal überhaupt keine, das hängt von der Saftigkeit der Zwiebeln ab. Wenn die Zwiebeln trocken aussehen, nach der Hälfte des Backvorgangs mit Olivenöl beträufeln)

Flammkuchen mit saurer Sahne, Grüner Sauce oder einem anderen Pesto servieren; oder Kräuter oder essbare Blüten als Garnitur verwenden.

Gebackene Haferkuchen sind eine überraschend schmackhafte Alternative zu Kartoffelkuchen. Du kannst sie mit karamellisierten Zwiebeln und einem frischen Pesto deiner Wahl servieren.

(veg) HAFERKUCHEN MIT KARAMELLISIERTEN ZWIEBELN UND KRÄUTERPESTO

Für 4 Portionen

Haferkuchen
350 g Hafer
2 EL Mehl*
1 Ei*
1-2 Knoblauchzehen
Salz und Pfeffer

Karamellisierte Zwiebeln
6-8 mittelgroße rote oder weiße Zwiebeln
Backöl
1 EL Butter*
100 ml Weißwein oder Wasser
Salz und Pfeffer

Pesto (s. Seite 48 und Seite 72)

*Glutenfreie Version
Benutze Buchweizen- oder Reismehl.

*Vegane Version
Nimm 2 EL Stärke statt Ei.
Nimm 2 EL Olivenöl statt Butter.

12 Stunden Vorbereitungszeit

Haferkuchen

1. Hafer über Nacht in Wasser einweichen
2. Hafer gut abtropfen lassen
3. Hafer mit Ei (oder Stärke), Knoblauch, Salz, Pfeffer, Gewürzen und/oder Kräutern nach Belieben in einer Küchenmaschine zerkleinern und in eine Rührschüssel geben
4. Mehl hinzufügen und mit einer Gabel oder den Händen gründlich vermischen
5. Öl in einer Pfanne auf großer Flamme erhitzen
6. Mit nassen Händen handtellergroße Haferplätzchen formen und auf beiden Seiten goldbraun braten (du kannst sie entweder zu gedeckt im Backofen bei 50 °C warm halten, bis du die Zwiebeln zubereitet hast, oder gleichzeitig arbeiten)

Karamellisierte Zwiebeln

1. Zwiebeln schälen und in dünne Scheiben schneiden
2. Öl in einer schweren Bratpfanne auf mittelhoher Flamme erhitzen und Zwiebeln anbraten
3. Mit Pfeffer und Salz würzen
4. Sobald die Zwiebeln schön gebräunt sind, die Hitze erhöhen und mit Weißwein oder Wasser ablöschen
5. Die Zwiebeln so lange in Bewegung halten und dünsten, bis die gesamte Flüssigkeit verdunstet ist
6. Wenn die Zwiebeln dunkel und weich sind, Butter oder extra Olivenöl hinzugeben

Beides mit einem Pesto deiner Wahl servieren.

Krabben, klein und saftig, den Flusskrebsen ähnelnd, sind sehr schmackhaft und in den nördlichen Regionen eine beliebte Zutat für verschiedene Gerichte. Im Gegensatz zu normalen Garnelen sind Krabben Sandgarnelen, viel kleiner und von dunklerer Farbe. Sie werden als kalter Salat, in Suppen oder in Frikadellenform gegessen. Krabbensalat ist eine friesische Delikatesse, die als Vorspeise, Teil eines Buffets oder zum Abendbrot serviert werden kann.

Du kannst diesen Salat auf jede beliebige Weise zubereiten, mit saurer Sahne oder milchfrei mit Avocado. Dill und Gurke sind die wichtigsten Zutaten für einen traditionellen Geschmack. In manchen Rezepten werden Senf und Speck mit eingearbeitet, aber ich finde, dass diese Zutaten den Geschmack der Krabben erheblich beeinträchtigen.

KRABBENSALAT

Für 4 Personen

300 g Krabben
1 kleine rote Zwiebel oder Schalotte
4-6 Radieschen
¼ Salatgurke
Einige Stängel Dill
1 EL Oliven- oder Leinöl
1-2 Spritzer Zitronensaft
Salz und Pfeffer

Optional
100 g saure Sahne*

*Laktosefreie Version
Anstelle von der sauren Sahne verwendest du Avocado in kleine Stücke geschnitten.

1. Radieschen und Dill waschen
2. Zwiebel und Gurke schälen
3. Radieschen, Gurke, Dill und Zwiebel fein hacken
4. In einer Schüssel die Kräuter und das gehackte Gemüse mit den Garnelen mischen, Öl und Zitronensaft dazugeben und mit Salz und Pfeffer abschmecken

In einem hübschen Glas servieren und Pumpernickel, Brot oder Cracker dazu reichen.

Eine traditionelle Art, Heringe und anderen Fisch zu konservieren, ist das Einlegen. Bismarckhering und Rollmops sind zwei sehr beliebte norddeutsche Gerichte und ein hervorragendes Beispiel dafür, wie die kulinarischen Regionen Norddeutschlands von den Nachbarländern beeinflusst werden, denn eingelegter Hering ist auch in Skandinavien, den baltischen Ländern, Osteuropa und den Niederlanden üblich. In Polen, Litauen und der Ukraine gehört der eingelegte Hering zu den zwölf Gerichten, die traditionell an Heiligabend serviert werden. Bei uns ist es üblich, am Neujahrstag eingelegten Hering zu essen, um einen Kater zu kurieren.

Hering wird normalerweise mit Salz gepökelt, um dem Fisch das Wasser zu entziehen. Nachdem das Salz entfernt wurde, wird der Hering in einer Salzlake aus Essig, Salz, Zucker, Pökelgewürzen und rohen Zwiebeln eingelegt. Bismarckhering und Rollmops können als Vorspeise zum Frühstück auf einem Brötchen mit Salat, Senf und Mayonnaise oder zum Abendbrot serviert werden. Sie eignen sich auch hervorragend für Picknicks oder als Beilage zu einem einfachen Gericht mit Salz oder Bratkartoffeln.

EINGELEGTE HERINGE

Bismarckhering

Für 10 Bismarckheringe

10 frische Heringsfilets
4 EL Salz
½ l trockener Weißwein
¼ l Weißweinessig
1 EL Zucker
8 Schalotten oder kleine Zwiebeln
3-4 Lorbeerblätter
4-5 Pimentkörner
1 TL Senfkörner
4-5 Wacholderbeeren
½ TL ganze Pfefferkörner

1. Heringsfilets abspülen und mit einem Küchentuch trocknen
2. Filets mit Salz einreiben und in ein Glas oder eine Schale legen, abdecken und 2 Tage im Kühlschrank stehen lassen
3. Die Filets mit kaltem Wasser abspülen und das Glas bzw. die Schüssel reinigen oder einen neuen Behälter verwenden
4. Wein, Essig, Gewürze und Zucker in einem Kochtopf mit ½ l Wasser zum Kochen bringen
5. Aufkochen, bis sich der Zucker vollständig aufgelöst hat, dann abkühlen lassen
6. Zwiebeln oder Schalotten schälen und in dünne Ringe schneiden
7. Heringsfilets und Zwiebelringe im ausgewählten Behälter schichten
8. Mit Salzlake übergießen, verschließen und mindestens 2 Tage durchziehen lassen, bevor du sie servierst

4 Tage Vorbereitungszeit

Innerhalb 1 Woche aufbrauchen.

ROLLMOPS

Für 10 Rollmöpse

10 frische Heringsfilets
4 EL Salz
½ l trockener Weißwein
¼ l Weißweinessig
1-2 EL Senf
2-3 eingelegte Gurken
50 g kleine Kapern
1 EL Zucker
8 Schalotten oder kleine Zwiebeln
3-4 Lorbeerblätter
4-5 Pimentkörner
1 TL Senfsamen
4-5 Wacholderbeeren
½ TL ganze Pfefferkörner

Cocktailspieße oder Zahnstocher

4 Tage Vorbereitungszeit

1. Schritte 1-6 des Bismarckhering-Rezepts wiederholen
2. Zwiebeln oder Schalotten schälen und in dünne Scheiben schneiden
3. Gewürzgurken in dünne Streifen schneiden
4. Jeden Hering mit einer dünnen Schicht Senf bestreichen
5. Ein paar Zwiebeln, Gurkenstreifen und Kapern auf jedes Filet legen
6. Mit Pfeffer würzen, aufrollen, mit Cocktailspießen oder Zahnstochern befestigen und in einem Glas schichten
7. Mit Salzlake übergießen und die Rollmöpse mindestens 2 Tage ziehen lassen, bevor du sie servierst

Innerhalb 1 Woche aufbrauchen.

Dies ist ein köstlicher Salat zum Abendbrot. Die süß-sauren und herzhaften Aromen passen am besten zu einem kräftigen Vollkornbrot. Das Gericht ist in Skandinavien, den Niederlanden und Polen weitverbreitet und kann auch ohne Hering zubereitet werden, wie der klassisch schwedische Rote-Bete-Salat.

ROTE-BETE-HERING-SALAT

Für 4 Personen

2 mittelgroße rohe Rote Beten
3 ganze Heringsfilets
1-1½ süßsaurer Apfel
2 EL Weißweinessig
2-3 Cornichons
4 Schalotten oder kleine Zwiebeln
Salz und Pfeffer

Optional
2-3 EL saure Sahne, Frühlingszwiebeln

1. Rote Beten mit Schale ca. 40 Minuten backen, bis sie weich sind (alternativ kannst du sie auch einfach in Wasser kochen), abkühlen lassen und schälen
2. Heringsfilets abspülen und mit einem Küchentuch trocknen
3. Rüben und Heringsfilets in mundgerechte Stücke schneiden
4. Äpfel in kleine Stücke schneiden (entweder ½ oder 1 ganzen Apfel verwenden, je nachdem, wie süß und fruchtig du den Salat habenmöchtest)
5. Schalotten und Cornichons hacken
6. Alles zusammen mit Essig, Salz, Pfeffer und optional saurer Sahne und Frühlingszwiebeln vermengen

Zum Abendbrot mit dunklem Mehrkornbrot oder Pumpernickel servieren.

Flädlesuppe ist ein süddeutsches Gericht aus Schwaben. In anderen Teilen Deutschlands ist sie auch als Eierkuchen- bzw. Pfannkuchensuppe bekannt, und in Österreich heißt sie *Frittatensuppe* – alles regionale Varianten. Die Flädle sind einfache, ungesüßte Crêpes. Sie werden gerollt, in dünne Streifen geschnitten und dann in einer klaren Gemüse- oder Rinderbrühe serviert.

ⓥ FLÄDLESUPPE

Für 4 Personen

1 ½ l Gemüsebrühe (s. Seite 106)

Pfannkuchen
2 Eier
6 EL Weizen oder Dinkelmehl
½ TL Salz
Weniger als ein ¼ TL geriebene Muskatnuss
Sprudelwasser
1 EL Öl oder Butter
Petersilie, Schnittlauch oder grüne Zwiebeln

1. Gemüsebrühe kochen Kräuter waschen und hacken, beiseitestellen
2. In einer Rührschüssel Eier verquirlen und das Mehl nach und nach einrühren
3. Sprudelwasser langsam zugeben, bis ein glatter, flüssiger Teig entsteht
4. Salz und Muskatnuss zugeben
5. Öl oder Butter in einer Pfanne auf mittlerer bis hoher Flamme erhitzen und einen dünnen Pfannkuchen backen, wie eine Crêpe
6. In Streifen schneiden und vor dem Servieren die aufgerollten Pfannkuchenstreifen auf den Boden eines Suppentellers legen, mit Brühe übergießen

Mit Petersilie oder Schnittlauch bestreuen oder einige gebratene Schalotten hinzufügen.

Paprikasuppe, Rezept s. Seite 108

SUPPEN UND EINTÖPFE

Eine echte Suppe ist für den Körper,
was Frieden für di Seele ist.

Isabel Allende

Suppen und Eintöpfe sind ein fester Bestandteil der deutschen Küche und werden oft als Vor- oder Hauptspeise serviert. Eine Suppe kann als eine leichte Vorspeise elegant sein, aber auch als deftige Mahlzeit, die den Hunger stillt und den Körper wärmt. Suppen werden meist mit Gemüse zubereitet, oft unter Verwendung von Rinder- oder Hühnerbrühe. Klare Brühe wird oft mit zusätzlichen Zutaten wie Fleisch, Eiern, Knödeln, Pfannkuchenstreifen, Nudeln, Croûtons oder Toast serviert.

Eintöpfe können aus einer beträchtlichen Anzahl deftiger Zutaten bestehen und werden vor allem im Herbst und Winter gegessen, da die meisten für den Sommer zu schwer erscheinen, mit einigen Ausnahmen wie dem grünen Bohneneintopf. Übliche Zutaten für Eintöpfe sind Schweine-, Rind- oder Hühnerfleisch, zudem eine Vielzahl von Gemüsesorten, die von der jeweiligen Jahreszeit abhängen: Karotten, Sellerie, Zwiebeln, Kartoffeln, Linsen, Erbsen, Bohnen, Knoblauch oder Blumenkohl.

Die Hochzeitssuppe ist eine klare Brühe aus Gemüse, Rind- oder Hühnerfleisch, die mit zusätzlichen Einlagen von Gemüse, Knödeln und Eiern verfeinert wird. Zur Herstellung der Brühe werden Fleisch und Suppengemüse sehr lange gekocht und anschließend abgeseiht, sobald sie ihr feines Aroma abgegeben haben. Dann werden Markklößchen, in Scheiben geschnittenes Omelett, weiße Spargelspitzen, grüne Erbsen, Bohnen, frische Kräuter wie Petersilie oder Schnittlauch sowie fein geschnittener Lauch hinzugefügt.

Die Suppe ist reichhaltig und kann als ganze Mahlzeit oder, in kleinen Portionen, als Vorspeise serviert werden. Sie wird oft an Sonntagen und zu besonderen Anlässen wie Hochzeiten, Taufen oder Feiertagen serviert.

HOCHZEITSSUPPE

Für 4 Personen

2 ½ l Wasser
1 Beinscheibe (Rinderhesse) mit Knochen, ca. 300-400 g
1 mittelgroße Selleriewurzel
½ Stange Lauch
1-2 Möhren
1 Petersilienwurzel
½ Bund Petersilie
3-4 Knoblauchzehen
2 mittelgroße Zwiebeln
Salz und Pfeffer

Gewürze
4-5 Wacholderbeeren
1 TL Senfsamen
3-4 Lorbeerblätter
1 EL Salz
Frisch gemahlener Pfeffer
2 Nelken
1 TL Fenchelsamen
1 TL Liebstöckel
Ein paar abgezupfte frische Rosmarinblätter
Ein paar abgezupfte frische Thymianblätter

Einlagen
1 Möhre
½ Stange Lauch
300 g Saisongemüse (oder als traditionelle Variante: 200 g weiße Spargelspitzen, 100 g grüne Erbsen)
4-5 Eier
85 g trockene Brotkrumen oder Paniermehl
Etwas Muskatnuss
Schnittlauch oder grüne Zwiebeln
1-2 EL Öl

Du kannst die Suppe einen Tag vor dem Servieren kochen und über Nacht im Kühlschrank aufbewahren – dadurch hast du die Möglichkeit, überflüssiges Fett von der Oberfläche abzuschöpfen. Wenn die Suppe abgekühlt ist, steigt das Fett nach oben und erstarrt, sodass es leicht zu entfernen ist.

Brühe

1. Knoblauch, ½ Lauchstange, Karotte, Petersilienwurzel und Sellerieknolle waschen, schälen und grob schneiden
2. Mit einem Teelöffel das Mark aus dem Knochen herauskratzen, in einem kleinen Kochtopf aufbewahren und für später beiseitestellen
3. In einem großen Kochtopf Pflanzenöl auf großer Flamme erhitzen und das Fleisch von beiden Seiten anbraten, mit Salz würzen
4. Mit 2 ½ l Wasser ablöschen
5. Gemüse und Gewürze zugeben
6. Zum Kochen bringen, dann Hitze reduzieren und auf kleiner Flamme 4-5 Stunden köcheln lassen
7. Fleisch und Gemüse abseihen (gründlich durch das Sieb drücken, sodass alle Flüssigkeit aufgefangen wird, denn hier sind noch viele Aromen) und entsorgen
8. Brühe wieder in den Topf geben

Markklößchen

1. In einer kleinen Pfanne das Knochenmark bei schwacher Hitze unter ständigem Rühren langsam schmelzen, bis das gesamte Fett verflüssigt ist (es ist normal, dass kleine, nicht schmelzende Stücke übrig bleiben – diese entsorgen)
2. Fett in eine Rührschüssel geben und mit 1 Eigelb und 85 g feinem Paniermehl* gründlich mithilfe einer Gabel vermengen
3. Mit Salz, Pfeffer und Muskatnuss würzen
4. Kleine Klößchen formen, beiseitestellen

*Wenn du selber Paniermehl machen möchtest, kannst du ganz einfach altes, trockenes Brot in einem Mixer zu Mehl zerkleinern.

Vegetarische Suppenklößchen

Nimm anstatt Knochenmarkfett gutes Pflanzenöl und vermenge dieses mit dem Eigelb, Paniermehl und den Gewürzen

Einlagen

Eierstich

1. 2-3 Eier mit etwas Wasser oder Milch verquirlen, mit Salz, Pfeffer und Muskatnuss würzen (wenn du den Geschmack der Muskatnuss nicht magst, kannst du sie hier weglassen, aber ich empfehle, das Gewürz für die Markklößchen zu verwenden)
2. Eine hitzebeständige Schüssel leicht einfetten und die Eier hineingeben
3. Schüssel ins Wasserbad (s. Seite 202) stellen und mit einem Deckel, einem kleinen Teller oder mit Alufolie abgedeckt köcheln, bis die Eier fest sind (kann bis zu 30 Minuten dauern)
4. Schüssel aus dem Wasserbad nehmen, abkühlen lassen, Eier stürzen und vorsichtig in Quadrate schneiden, dann beiseitestellen (falls die Eier fest an der Schüssel hängen, kannst du sie auch in der Schüssel klein schneiden und dann vorsichtig mit einem Löffel vom Schüsselboden lösen)

Gemüse

1. Wasche, schäle und schneide das Gemüse deiner Wahl in jede beliebige Form und Größe (Scheiben, Vierecke, Stäbchen), aber versuche, sie alle gleich groß hinzubekommen
2. Das Gemüsepotpourri zusammen mit den Knödeln in die Brühe geben und etwa 15 Min. köcheln lassen
3. Suppe abschmecken und eventuell nachwürzen

Vor dem Servieren Eierstücke und Markklöße dazugeben und etwas gehackten Schnittlauch oder fein geschnittene Frühlingszwiebeln über die Suppenteller streuen.

Dieses Rezept für eine vegane klare Gemüsebrühe kann als Grundlage für zahlreiche Gerichte verwendet werden. Qualität und Menge der Gemüse machen einen großen Unterschied im Geschmack. Frisches Gemüse, und zwar viel davon, lange gekocht, ergibt eine köstliche Brühe. Für Vegetarier oder Veganer ist es schön, eine herzhafte Suppe zu haben, die wirklich gut schmeckt, ohne künstliche Aromastoffe oder industriell hergestelltes Gemüsebrühpulver verwenden zu müssen.

Ⓥ KLARE GEMÜSEBRÜHE

Für 2 Liter

2 ½ l Wasser
1 große Lauchstange bzw. mehrere kleinere
1 große Zwiebel
2 Möhren
½ Bund Petersilie
1 mittelgroße Petersilienwurzel
1 mittelgroße oder ½ große Sellerieknolle
1 mittelgroße Gelbe Bete (falls erhältlich)
3-4 Knoblauchzehen
1½ EL Salz

Gewürze

4-5 Wacholderbeeren
1 TL Senfsamen
3-4 Lorbeerblätter
Frischer Pfeffer
2 Nelken
1 TL Fenchelsamen
1 TL Liebstöckel
Etwas frischen Rosmarin, Thymian und/oder Oregano

1. Gemüse vorbereiten: Lauch der Länge nach in grobe Stücke schneiden und waschen; Möhren, Rüben, Sellerie, Petersilienwurzel, Zwiebel und Knoblauch schälen und grob hacken

2. In einen großen Kochtopf geben, Wasser und Gewürze hinzufügen und langsam zum Kochen bringen

3. Zugedeckt bei schwacher bis mittlerer Hitze 1½ - 2 Stunden köcheln lassen

4. Abseihen und das Gemüse im Sieb gut ausdrücken, dann entsorgen

5. Mit Salz und Pfeffer abschmecken

Sofort benutzen, oder fülle die heiße Suppe direkt in saubere Flaschen, so ist sie im Kühlschrank bis zu 2 Wochen haltbar.

Selleriewurzeln sind überall auf Märkten und in Geschäften erhältlich. Als Grundlage in Suppen und Eintöpfen verwendet, verleihen diese Wurzelgemüse einen fantastischen herzhaften Geschmack. Vor allem bei der Zubereitung veganer oder vegetarischer Suppen sind sie unverzichtbar. Du kannst diese Suppe auch mit Pastinaken oder Petersilienwurzeln bzw. mit einer Kombination aus beidem kochen. Diese vegane pürierte Suppe ist ein schnelles, einfaches und gesundes Gericht, das dennoch exquisit im Geschmack und Aussehen ist.

Ⓥ GRÜN-WEISSE SELLERIEWURZELSUPPE MIT PETERSILIENSAFT

Für 3-4 Personen

1 große oder 2 mittelgroße Selleriewurzeln
1-2 mittelgroße Petersilienwurzeln
1 großes Bund Petersilie
2 mittelgroße Zwiebeln
Salz und Pfeffer
2-3 Knoblauchzehen
1½ l Wasser

1. Selleriewurzeln, Knoblauch und Zwiebeln schälen, in große Stücke schneiden und in einem großen Kochtopf, mit etwas Speiseöl, bei mittlerer Flamme erhitzen. Die Wurzelstücke, Zwiebeln und den Knoblauch kurz anbraten. 1½ l Wasser zugeben, aufkochen und zugedeckt ca. 20 Minuten köcheln lassen

2. In der Zwischenzeit die Petersilie waschen und die Blätter von den Stielen zupfen

3. Mit einem Entsafter Petersiliensaft herstellen

4. Das gekochte Wurzelgemüse in einen Mixer (bei einem Stabmixer: in eine Schüssel) geben und pürieren, bis alles glatt und cremig ist (Vorsicht: Die Suppe darf nicht zu heiß püriert werden, denn der durch den Dampf entstehende Druck kann dazu führen, dass die Suppe über den Rand schwappt und dich verbrennst)

5. Die Hälfte zurück in den Kochtopf geben und die andere Hälfte mit dem Petersiliensaft mischen (¼ Glas für später aufheben)

6. Jede Suppe in einen separaten Topf geben

7. In einer Schüssel oder in Suppentellern servieren, dabei je zur Hälfte mit grüner und mit weißer Suppe füllen

Einen Spritzer Petersiliensaft darübergeben und mit Petersilie garnieren.

Gemüsesuppen sind eine gute Möglichkeit, die unterschiedlichen Produkte je nach Jahreszeit zu genießen. Nachfolgendes Rezept kann auch mit jedem anderen Gemüse zubereitet werden, z. B. Blumenkohl, Kürbis, Rüben, Karotten oder Rote/Gelbe Bete. Sie ist schneller zubereitet als eine klare Suppe, da die gekochten Zutaten in einem Mixer püriert werden.

Bitte beachte, dass Steckrüben, Rüben, Karotten oder Kürbis länger zum Kochen brauchen als Paprika oder Blumenkohl. Fenchelwurzel, allein als Suppe gekocht, verliert beim Pürieren den Geschmack.

(v) PAPRIKASUPPE

Für 4 Personen

4-6 rote Paprika
1 mittelgroße Zwiebel
¼ Selleriewurzel
1-2 Knoblauchzehen
1 ½ l Wasser
Salz und Pfeffer

Optional
2 EL saure Sahne, frische Kräuter

1. Gemüse vorbereiten: waschen, schälen und in große Stücke schneiden (vierteln oder achteln); wenn du Paprika verwendest, entferne die inneren Samen
2. Beiseitestellen
3. Zwiebel und Knoblauch schälen und grob hacken
4. In einer großen Pfanne oder einem Kochtopf (für mind. 2 l) Pflanzenöl erhitzen und Zwiebeln, Knoblauch und Gemüse kurz anbraten
5. Mit Salz und Pfeffer würzen
6. Wasser zugeben und zugedeckt 15 Min. für Paprika oder Blumenkohl oder 30 Min. für das Wurzelgemüse köcheln lassen

7. Vom Ofen nehmen und leicht abkühlen lassen, dann mit einem Mixer oder einem Pürierstab pürieren (Vorsicht: Die Suppe darf nicht zu heiß püriert werden, denn der durch den Dampf entstehende Druck kann dazu führen, dass die Suppe über den Rand schwappt und dich verbrennt)
8. Zurück in den Topf geben, nachwürzen und vor dem Servieren erneut erhitzen

Als Vorspeise oder als Hauptgericht mit Brot servieren. Wahlweise mit etwas saurer Sahne und gehackten saisonalen Kräutern garnieren.

Von Januar bis Ende April ist es oft schwierig, frisches Gemüse aus unserer Region zu finden, mit Ausnahme von gelagertem Wurzelgemüse wie Bete, Petersilie- und Selleriewurzeln, Pastinaken, Karotten, Zwiebeln und Kartoffeln. Seit einigen Jahren kann man wieder alte Sorten auf den Märkten finden.

Sie bieten eine bunte Vielfalt an Geschmack und Aussehen. Dünn geschnittene Karotten und jegliche Form von Wurzelgemüse in einer leichten klaren Brühe ergeben eine wärmende und süße Vorspeise für kühlere Herbst- und Wintertage.

Ⓥ WURZELGEMÜSESUPPE

Für 4 Personen

1,2 l Gemüsebrühe (s. Seite 106)
500 g Wurzelgemüse der Saiso*
Frühlingszwiebeln oder Schnittlauch
Salz und Pfeffer

*Rote, Gelbe oder Weiße Bete, gelbe oder orangen Karotten (nicht die lila Karotten benutzen, sie färben beim Kochen deine Suppe grau), Pastinaken, Petersilienwurzeln, Rüben, Kohlrabi, Schwarzwurzeln, Topinambur.

1. Klare Gemüsebrühe kochen
2. Wurzelgemüse vorbereiten: waschen, schälen und in dünne Scheiben oder kleine Würfel schneiden (für dünnen Scheiben kannst du einen Gemüseschäler benutzen)
3. Gemüse in die Suppe geben und 7-12 Minuten köcheln lassen, je nachdem, wie dünn oder groß du das Gemüse geschnitten hast. Es sollte weich sein, aber nicht zerkocht

Mit Schnittlauch oder fein geschnittenen Frühlings-zwiebeln servieren.

Für diese Suppe kannst du zum Beispiel Brennnesseln, Brunnenkresse, Sauerampfer oder Bärlauch verwenden, entweder allein oder kombiniert.

ⓥ WILDKRÄUTERSUPPE

Für 4 Personen

500 g frische wilde Kräuter*
5 mittelgroße Kartoffeln
1 große Zwiebel
½ Lauchstange
Salz und Pfeffer
Weniger als ¼ TL Muskatnuss
1 ½ l Wasser

*Beispielsweise Spitzwegerich, Brennnessel, Vogelmiere, Giersch, Sauerampfer, Borretsch.

1. Zwiebel und Lauch schälen und fein würfeln
2. Kartoffeln schälen und in kleine Würfel schneiden (du kannst sie auch größer lassen, nur dann musst du sie etwas länger kochen)
3. Zwiebeln und Lauch in einem mittelgroßen Topf in Pflanzenöl andünsten und mit Salz und Pfeffer würzen
4. Wasser und Kartoffeln zugeben und zugedeckt bei mittlerer Hitze ca. 12 Minuten oder länger kochen lassen
5. In der Zwischenzeit Wildkräuter waschen, dicke Stiele entfernen und Stiele fein hacken
6. Kräuter in die Suppe geben und weitere 5 Minuten ziehen lassen
7. Muskatnuss dazugeben und nachwürzen

Alternativ kannst du die Suppe auch mit einem Stabmixer pürieren.

Dieser Eintopf ist dem irischen Grüne-Bohnen-Eintopf sehr ähnlich, aber während in Irland Lammfleisch verwendet wird, wird in Deutschland Rindfleisch bevorzugt. Das Tolle an diesem Eintopf ist, dass du ihn in ein schmackhaftes veganes Gericht verwandeln kannst, indem du einfach das Fleisch weglässt und hochwertiges reifes Gemüse verwendest und somit den Geschmack der Saison hervorhebst.

Der Eintopf wird normalerweise mit Kartoffeln, Rindfleisch und Speck zubereitet. Falls du dich für diese Fleischvariante entscheidest, schneide das Rindfleisch in kleine Stücke und füge nur wenig Speck hinzu, da dieser im Geschmack sehr dominant sein kann.

(v) STANGENBOHNEN-EINTOPF

Für 4 Personen

1 l Gemüsebrühe (s. Seite 106)
2 mittelgroße Zwiebeln
230 ml Weißwein
4 Knoblauchzehen
8 mittelgroße Kartoffeln
750 g frische grüne Stangenbohnen
1 Möhre
1 kleine rote Paprika
1 ½ TL Salz
Schwarzer Pfeffer
1 Stängel Thymian
Mehrere Stängel Bohnenkraut
Schnittlauch oder Frühlingszwiebeln

1. Zwiebeln, Knoblauch und Kartoffeln waschen, schälen und schneiden
2. Bohnen waschen und die Enden abscheiden bzw. mit dem Finger abknipsen
3. Kräuter waschen und fein hacken, beiseitestellen
4. In einem großen Kochtopf die Zwiebeln goldgelb andünsten und mit Weißwein ablöschen
5. Kartoffeln, Knoblauch, Thymianstängel und Bohnenkraut zugeben und mit Salz und Pfeffer würzen
6. Mit Gemüsebrühe aufgießen und auf kleiner Flamme kochen lassen, bis die Kartoffeln anfangen, weich zu werden
7. Bohnen zugeben und weitere 10 Minuten köcheln lassen

Mit fein geschnittenem Schnittlauch oder Frühlingszwiebeln bestreut servieren.

Pfifferlinge gehören zu den beliebtesten Speisepilzen und sind manchmal schon im Juli auf den Märkten zu finden. Ich finde, sie sind eine Köstlichkeit, wenn sie, golden und knusprig angebraten, auf einen saisonalen Gemüseeintopf gestreut werden. Dieses Gericht eignet sich perfekt, um mit saisonalen und regionalen Aromen zu experimentieren.

ⓥ SOMMEREINTOPF MIT PFIFFERLINGEN

Für 4 Personen

1 ½ - 2 kg Gemüse der Saison
2 mittelgroße Zwiebeln
500 g Pfifferlinge
400 ml Wasser
250 ml Weißwein
Salz und Pfeffer
Frische Kräuter
Pflanzenöl

1. Gemüse auf 2 Schüsseln aufteilen: die Gemüsesorten, die länger garen müssen (z. B. Kartoffeln, Fenchel, Bete, Karotten usw.), und die Gemüsesorten, die eine kürzere Kochzeit benötigen (z. B. Erbsen, Zucchini, Paprika, Blumenkohl usw.)
2. Gemüse waschen, ggf. schälen und schneiden (du kannst es auf jede beliebige Weise schneiden: kleine Stücke, mittelgroße oder große Stücke, längliche, runde, quadratische ... Lass deiner Kreativität freien Lauf, aber achte darauf, dass alles ungefähr die gleiche Größe hat)
3. In einem großen Kochtopf 1 Zwiebel in Pflanzenöl andünsten

4. Zuerst alle festen Gemüsesorten hinzufügen und ca. 7 Minuten dünsten
5. Mit Salz und Pfeffer würzen
6. Mit Wasser und Wein ablöschen
7. Das restliche Gemüse, mit kürzerer Garzeit, hinzugeben
8. Kurz erhitzen, abdecken und bei schwacher Hitze 10 Minuten köcheln lassen
9. Mit Salz und Pfeffer abschmecken

Pfifferlinge

1. Pfifferlinge waschen, gut und vorsichtig mit Papiertuch abtrocknen
2. Zwiebel schälen und in kleine Stücke, Würfel oder Ringe schneiden
3. Öl in der Pfanne erhitzen, Pilze und Zwiebel dazugeben und goldbraun anbraten (manchmal geben die Pilze viel Flüssigkeit ab, sodass sie nicht bräunen können; in dem Fall etwas Flüssigkeit abschöpfen und zum Eintopf geben)
4. Mit Salz und Pfeffer würzen
5. Kräuter waschen und schneiden

Eintopf wieder erhitzen und mit Pfifferlingen und frischen gehackten Kräutern der Saison servieren.

Spanisch Frikko ist ein in Weißwein gekochter westfälischer Eintopf mit Fleisch, Kartoffeln und Zwiebeln. Meine Mutter hat dieses Gericht immer für Partys gekocht – eine Tradition, die ich übernommen habe. Es ist ein erstaunlich schmackhaftes Gericht und ideal für das Mahl nach einem langen Spaziergang im Herbst oder Winter. Oder nach einem harten Arbeitstag.

Der Ursprung dieses Eintopfs ist nicht ganz geklärt, aber eine Geschichte besagt, dass sich spanische Einflüsse am niederländischen Hof von Jérôme Bonaparte breitmachten, als dieser von 1807 bis 1813 in Westfalen regierte.

SPANISCH FRIKKO

Für 8-10 Personen

2 EL Bratöl
1½ - 2 kg Rindfleisch oder gemischt mit Schweinefleisch
1 ½ kg gelbe Zwiebeln
1 ½ kg festkochende Kartoffeln
1 l Weißwein
Schnittlauch
150 ml süße Sahne oder saure Sahne
Salz
Weißer Pfeffer
Cayennepfeffer

Optional
Süße oder saure Sahne

1. Fleisch in ca. 4 x 4 cm große Würfel schneiden
2. Zwiebeln schälen und in dicke Ringe schneiden (ca. 2-3 cm)
3. Kartoffeln schälen, waschen und in ca. 2-3 cm dicke Scheiben schneiden
4. In einem großen Topf Öl erhitzen und zunächst eine Lage Fleisch anbraten, dann mit Salz und Pfeffer würzen
5. Eine Schicht Zwiebeln, danach eine Schicht Kartoffeln zugeben und erneut würzen
6. Eine weitere Schicht Fleisch hinzufügen, würzen, dann eine Schicht Zwiebeln, eine Schicht Kartoffeln etc. Diese Schritte so lange wiederholen, bis alle Zutaten im Topf sind
7. Mit Cayennepfeffer bestreuen
8. Mit Weißwein ablöschen (die Flüssigkeit sollte die oberste Schicht erreichen, aber nicht bedecken; wenn der Wein nicht ausreicht, etwas Wasser hinzufügen)
9. Langsam zum Kochen bringen, dann die Hitze reduzieren und zugedeckt bei schwacher Hitze ca. 3 Stunden köcheln lassen
10. Vor dem Servieren alles vorsichtig vermengen und darauf achten, dass die schönen größeren Kartoffelstücke nicht zerbrechen

Mit Schnittlauch oder anderen frischen Kräutern bestreuen, nach Belieben Sahne hinzufügen und mit etwas Brot servieren.

SALAT

Salat ist vielleicht nicht das Erste, was einem in den Sinn kommt, wenn man an deutsches Essen denkt. Salat und anderes Grünes wird oft als Beilage zu einem Hauptgericht serviert. Kartoffelsalat, Krautsalat, Salat aus gekochtem, rohem und geriebenem Gemüse, Krabbensalat, Eier- oder Wurstsalat werden gerne als Vorspeise, als Beilage zu Bratwurst oder Bratkartoffeln, zu Grillfleisch und Gemüse oder auch auf Broten belegt zum Abendbrot serviert.

Hierzulande ist Salat im Allgemeinen eine saisonale Angelegenheit. Wenn im Winter bis auf ein paar Ausnahmen keine grünen Blattsalate frisch vom Feld verfügbar sind, werden eher geriebene oder fermentierte Salate aus Kohl, Rüben oder eingelegtem Gemüse serviert.

Die nordeuropäischen Klimazonen bieten eine Fülle von Wildkräutern und essbaren Blättern, die etwas in Vergessenheit geraten sind. Glücklicherweise schafft der Trend zum Wildpflanzen-Sammeln einen neuen Markt für Wildkräutersalate. Sie sind nicht nur gesund, sondern bringen auch einen vergessenen wilden Geschmack zurück. Einige dieser köstlichen Grünsorten sind wilder Fenchel, Löwenzahn, Ampfer, Malve, Senfblätter, Sauerampfer, Pimpernelle, Taubnessel und Brunnenkresse. Im Herbst und Winter gibt es Feldsalat, Portulak, Rucola und bittere Salate wie Chicorée, Endivie und Radicchio.

SALATE DER SAISON

Auswahl von Wildkräutern und Blättern
Rechne mit 200-150 g pro Person

Wahlweise Obst und/oder rohes oder geröstetes Gemüse der Saison

Dressing
3 EL Olivenöl
1 EL Balsamicoessig
Salz und Pfeffer
1 TL Senf
1 TL Honig*
Saft einer ½ Zitrone

*Vegane Version
Verwende Dattelsirup oder einen selbst gemachten Löwenzahnblütensirup (s. Seite 50) anstelle des Honigs.

1. Kräuter und Blätter gründlich waschen (wenn wild gesammelt, 12 Minuten im Wasser mit einem guten Schuss Apfelessig stehen lassen, um die Bakterien abzutöten)
2. Schäle, wasche, enthülse oder entkerne alle Gemüse- und Obstsorten, die du hinzufügen möchtest, und schneide sie in dünne Scheiben (Rüben, Radieschen, Sellerie, Saubohnen, Erbsen, Äpfel, Birnen usw.)

3. Vinaigrette mischen (alle Zutaten in ein Einmachglas geben und schütteln)
4. Salatblätter kurz vor dem Servieren in der Vinaigrette schwenken
5. Gemüse und Obst in getrennten Schüsseln aufbewahren
6. Salat nach Belieben anrichten
7. Mit essbaren Blüten, gehackten Kräutern und/oder gerösteten Samen servieren

Verwende, was die Jahreszeit dir bringt, zum Beispiel:

Frühling
Frische Wildkräuter
Junge Blätter von Linden, Birken oder Buchen
Radicchio
Erdbeeren

Sommer
Frische grüne Salatblätter der Saison
Kapuzinerkresse, Blüten und Blätter
Karamellisierte Brennnesselsamen
Essbare Blüten der Saison
Karamellisierte Buchweizenkeime
Frische Kirschen

Herbst
Feldsalat
Gekochte, gebackene oder rohe Rote oder Gelbe Bete
Essbare Blüten der Saison
Geröstete Nüsse oder Samen
Himbeeren, Pflaumen, Äpfel oder Birnen, geröstete Bucheckern

Winter
Radicchio
Blutorangenscheiben
Feldsalat
Portulak
Sanddornbeeren

Krautsalat wird in der Regel aus Weiß- oder Rotkohl hergestellt. Der Kohl wird dünn geschnitten oder geraspelt und dann mit Salz massiert oder geknetet, um die harten Strukturen zu brechen. Dieser Vorgang ist der erste Schritt bei der Herstellung von Sauerkraut, nur dass wir in diesem Fall die Gärung überspringen und den Kohl lieber frisch essen. Nach dem Massieren wird das Kraut mit Öl und Essig angemacht und je nach Region mit Äpfeln, Zwiebeln und manchmal auch mit Speck gewürzt.

Unser Krautsalat entspricht nicht etwa dem amerikanischen Krautsalat (coleslaw), der Mayonnaise und geriebene Karotten enthält; Krautsalat gehört mit zu den typischen deutschen Beilagensalaten, oft kombiniert mit Kartoffelsalat, marinierten Bohnen, Sellerie- und Rote-Bete-Salat, Gurkensalat, Tomatensalat oder Mais.

Ⓥ KRAUTSALAT

Für 4 Personen

350-400 g Rotkohl oder Weißkohl, geraspelt oder dünn geschnitten
½ EL Salz
4 EL Apfelessig
3 EL Olivenöl
¼ TL Kümmelsamen
¼ TL Zucker
Schwarzer Pfeffer
1 kleine oder mittelgroße Zwiebel

1. Die äußeren Blätter des Kohls entfernen
2. Den Kohl halbieren und den inneren Strunk mit einem kleinen Schälmesser entfernen
3. Den Kohl fein schneiden oder raspeln
4. Waschen, abtropfen lassen und in eine große Schüssel geben
5. Salz zugeben und den Kohl mit den Händen durchkneten, bis er eine milchige Flüssigkeit produziert
6. 10-15 Minuten ruhen lassen

Marinade

Zwiebeln zerkleinern und in einer Schüssel mit Öl, Essig, Salz und Gewürzen vermengen

Vinaigrette über den Kohl gießen, gut vermischen und 2 Stunden ziehen lassen.

Gurkensalat ist ein klassischer Salat der deutschen Küche. Salatgurken werden fein geschnitten und je nach Region mit Salz, Pfeffer, Zucker, Dill oder Estragon sowie Schnittlauch oder Zwiebeln angemacht, mit oder ohne Sahne. Er wird in vielen Restaurants als Teil eines deutschen Salatsortiments (mit Kohl-, Kartoffeln-, Sellerie- oder Karottensalat) oder als Beilagensalat zu Schnitzel, Schweinekoteletts oder anderen typischen Fleischgerichten serviert.

ⓥ KLASSISCHER GURKENSALAT

Für 4 Personen

1 große der 2 kleinere Salatgurken
3-4 Stängel frischer Dill
5-7 Stangen Schnittlauch
Weißer Pfeffer und Salz
2 EL Weißweinessig
1 TL Zucker
1 EL Oliven- oder Pflanzenöl

Optional
Süße oder saure Sahne

1. Du kannst die Gurke(n) schälen oder ungeschält lassen (Bio-Gurken können einfach gewaschen werden)
2. In sehr dünne Scheiben schneiden oder raspeln (2-3 mm)
3. Salz hinzufügen und 10-15 Minuten ziehen lassen
4. Mit den Händen mischen und den Saft vorsichtig auspressen
5. Kräuter waschen, schneiden und zur Gurke geben
6. Salat mit Essig, Salz, Pfeffer und Zucker anmachen
7. Ggf. mit süßer oder saurer Sahne abschmecken

Kartoffelsalat wird aus gekochten Kartoffeln mit einer Vielzahl anderer Zutaten und Gewürze hergestellt. Ursprünglich aus Deutschland stammend, verbreitete er sich in ganz Europa und schließlich auch in anderen Ländern, in denen sich Europäer niederließen. Kartoffelsalat wird meist als Beilage serviert, zu Partys und Picknicks mitgebracht oder auf Kindergeburtstagen gegessen, oft zusammen mit einer heißen Bockwurst. Kartoffelsalat wird gerne als schnelle Mahlzeit genossen, zum Beispiel an einem typischen Samstag, wenn die Leute mit Einkaufen, Besorgungen, Autowaschen oder Gartenarbeit beschäftigt sind; oder beim Abendbrot, um die Reste von gekochten Kartoffeln vom Mittagessen zu verwerten. Kartoffelsalat wird in Tankstellenrestaurants oder in Betriebs-, Schul- und Universitätskantinen angeboten und ist bei vielen eine selbstverständliche Beilage beim Heiligabend-Menü. Kartoffelsalat ist ein einfaches, aber köstliches Gericht, das man je nach regionalen und familiären Traditionen in unzähligen Variationen genießen kann.

In den südlichen Teilen Deutschlands, in Österreich und Kroatien werden gekochte und in Scheiben geschnittene Kartoffeln mit Rinderbrühe, Essig, Öl, Salz, Pfeffer und Senf vermischt. Zusätzlich können Zwiebeln, Speckstücke, Knoblauch oder Gurken hinzugefügt werden. Wenn die heißen Kartoffeln auf diese Weise mariniert werden, wird der Salat oft noch warm gegessen, bevor die Kartoffeln abkühlen. In manchen Regionen wird Kürbiskernöl hinzugefügt, in anderen ist Schnittlauch obligatorisch.

In den nördlichen Teilen Deutschlands wird dem Dressing Mayonnaise zugesetzt. In Rheinland-Pfalz sind Gurken oder Äpfel üblich, im Norden Äpfel und Eier und in Brandenburg Radieschen und fein gewürfelte Zwiebeln. Ich persönlich bevorzuge Kartoffelsalat ohne Mayonnaise, da ich finde, dass sie den Geschmack der Kartoffeln überdecken und das Gericht sehr schwer machen; aber das ist wie immer eine Frage des persönlichen Geschmacks. Um verschiedene Geschmäcker anzusprechen, biete ich hier aus der Unzahl an Kartoffelsalat-Rezepten drei verschiedene Versionen an.

KARTOFFELSALAT

Für ca. 4 Personen

8-10 große Kartoffeln
(festkochend bzw. vorwiegend festkochend)

1. Kartoffeln kurz abwaschen und mit Schale kochen, abkühlen lassen und dann schälen
2. Nach Belieben vierteln, würfeln oder in Scheiben schneiden
3. Alle oben genannten Zutaten in kleine, gleich große Stücke schneiden
4. Schnittlauch hacken, sofern du ihn verwendest
5. Nach einem der nachfolgend beschriebenen Rezepte würzen und anrichten
6. Vor dem Servieren 1-2 Stunden marinieren lassen

Westfälisch mit Mayonnaise

1 mittelgroße Zwiebel
100 g Cornichons
2 gekochte Eier
1 EL Pflanzenöl
2 EL Mayonnaise
1-2 TL Senf
Salz und Pfeffer

Süddeutsch ohne Mayonnaise

Einige Stangen grüne Zwiebeln
3-4 EL Pflanzenöl
Saft einer ½ Zitrone
1 TL Senf
Salz und Pfeffer
Eine beliebige Menge von klein gehacktem Schnittlauch

Brandenburgisch ohne Mayonnaise

1 mittelgroße Zwiebel
100 g eingelegte Gurken
Einige frische Radieschen
3-4 EL Pflanzenöl
2 EL Weißweinessig
Salz und Pfeffer

Dieser Salat, in traditionellen deutschen Restaurants serviert, kann aus einer Vielzahl von geriebenem rohem Wurzelgemüse wie Pastinaken, Bete, Karotten oder Selleriewurzel bestehen. Oft kombiniert man diesen geraspelten Salat mit Sauerkraut oder Krautsalat, Dosenmais, kleinen eingelegten Gurken oder Perlzwiebeln, grünem Buttersalat im Frühling, Sommer und Herbst sowie Kartoffelsalat im Winter. Geriebene Äpfel können für mehr Süße sorgen und Nüsse für eine knackige Proteinzugabe, in jeder beliebigen Kombination. Typischerweise werden diese Beilagensalate zu Fleischgerichten wie Steak oder Schnitzel serviert.

Hier kannst du völlig kreativ sein und dich von den Jahreszeiten oder dem Wetter inspirieren lassen. Da ich selten Gemüse aus der Dose verwende, nehme ich für dieses Rezept frisches, rohes Gemüse mit Nüssen und eingelegten Perlzwiebeln. Du kannst aber auch dein ganz eigenes Rezept kreieren.

(v) GERASPELTER ROHER WURZELGEMÜSESALAT

(Beilagensalat)

Für 4 Personen

1-2 mittelgroße Rote Bete
½ große oder 1 mittelgroße Selleriewurzel
3-4 Karotten
200 g Rot- oder Weißkohl
50 g eingelegte Perlzwiebeln oder Cornichons
40 g Walnüsse oder Sonnenblumenkerne
Schnittlauch

Dressing
5 EL Pflanzenöl
2 EL Weißweinessig
½ TL Zucker
Salz und Pfeffer

1. Wurzelgemüse (Sellerie, Karotten, Bete) waschen und schälen, dann raspeln und in separaten Schüsseln beiseitestellen, sodass du 3 verschiedene Salate hast
2. Kohl raspeln oder dünn schneiden
3. ½ EL Salz zum Kohl geben und mindestens 5 Minuten kneten, bis eine milchige Flüssigkeit entsteht; ebenfalls beiseitestellen
4. Schnittlauch fein hacken
5. Dressing im Glas mit Deckel mischen und gut schütteln
6. Über jedes geriebene Wurzelgemüse in den einzelnen Schüsseln etwas Dressing geben und mischen
7. Walnüsse grob hacken und kurz anrösten oder Sonnenblumenkerne in einer Pfanne rösten

Auf Tellern nach Belieben anrichten und mit ein paar Perlzwiebeln oder Cornichons und mit Walnüssen oder Sonnenblumenkernen bestreut servieren.

Schnittlauch-Eier-Salat ist ein typisches Gericht aus dem Saarland und wird mit Bratkartoffeln und manchmal mit Schinken serviert. Es ist ein schmackhaftes, sättigendes Gericht, perfekt als Abendbrot oder als einfaches, traditionelles Mittagessen. Der Schnittlauch passt sehr gut zu den hart gekochten Eiern. Der Salat kann mit Mayonnaise, Senf, Gewürzgurken oder Radieschen variiert zubereitet werden.

SCHNITTLAUCH-EIER-SALAT

(veg)

Für 4 Personen

3 Bündel Schnittlauch
8 Eier

Dressing
2 EL Pflanzenöl
1 EL Weißweinessig
½ - 1 TL Senf
Salz und Pfeffer

1. Eier hart kochen, abkühlen lassen, schälen und in grobe Würfel schneiden
2. Schnittlauch waschen und klein hacken
3. In einer Rührschüssel den Schnittlauch mit den gehackten Eiern vorsichtig mischen, damit diese nicht zu sehr zerkleinert werden
4. Dressing in einem Extra-Glas zubereiten, gut vermischen und über den Salat gießen
5. Erneut vorsichtig mischen und mindestens 15 Minuten ziehen lassen

Mit Brot servieren.

GEMÜSE, DER FOKUS DES TELLERS
Vegetarische und vegane Gerichte

Während Deutschland außerhalb seiner Grenzen vor allem für Wurst und Bier bekannt ist, verwenden wir hierzulande tatsächlich viel frisches, saisonales Gemüse – genügend Auswahl ist ja vorhanden. In der traditionellen deutschen Küche wird Gemüse in Form von Aufläufen, Suppen und Beilagen serviert. Kartoffeln spielen immer noch eine wichtige Rolle: gekocht, gebraten, frittiert, püriert, als Knödel, Kroketten oder Reibekuchen, in Suppen, Eintöpfen oder Aufläufen. Und auch in der veganen Küche eignen sich Kartoffeln nicht nur als Gemüse, sondern auch als Bindemittel.

Bevor die Kartoffel nach Deutschland kam, wurde Gemüse zusammen mit Getreidesamen und Hülsenfrüchten gegessen. Vollkornweizen, Hafer, Hirse und Gerste wurden in einem Eintopf mit Gemüse wie Kohl, Rüben, Zwiebeln, Lauch und Knoblauch gekocht. Die Gerichte wurden mit Samen und Nüssen verfeinert, bevor sie mit frischen Kräutern gewürzt wurden. Hülsenfrüchte wie Linsen, Bohnen und Erbsen waren ein beliebter und wesentlicher Bestandteil der Mahlzeiten und konnten leicht gelagert werden.

Mit der starken vegetarischen und veganen Bewegung in Berlin haben viele Köche begonnen, Gemüse in den Mittelpunkt des Tellers zu stellen und somit endlose Möglichkeiten zu erkunden, wie man es köstlich hervorheben kann. Die Verwendung von Gemüse als kulinarischem Schwerpunkt muss jedoch noch stärker in den Fokus der Öffentlichkeit gerückt werden. In einer Stadt wie Berlin, der „veganen Welt-Hauptstadt", gibt es entsprechend viele vegetarische und vegane Restaurants; blicke ich aber zum Beispiel auf meine Heimatstadt Arnsberg, ist das Angebot gleich viel begrenzter.

In meinen Kursen versuche ich, mich auf Gemüse zu konzentrieren, und benutze Fleisch nur als kleinen Begleiter. Einige traditionelle Fleischgerichte lassen sich wunderbar in vegane oder vegetarische Variante transformieren, andere wiederum gar nicht. Eine vegane oder vegetarische Version von Fleischklößchen in weißer Sauce etwa, die bekannten Königsberger Klopse: Als rein pflanzliches Gericht hätte es einfach nicht den gleichen Geschmack und die gleichen Besonderheiten. Aber es gibt Gerichte, die sich wunderbar eignen, z. B. Kohlrouladen oder gefüllte Maultaschen. Andere vegetarische Versionen eines traditionellen Essens sind bereits gut etabliert, so wie das Sellerieschnitzel. Es wird nie wie ein Wiener Schnitzel schmecken, aber warum sollte man es vergleichen? Es ist so, wie es ist, absolut köstlich.

Deutschland und Italien haben zwar keine gemeinsame geografische Grenze, aber sie haben im Lauf einer langen Geschichte eine tiefe kulturelle Verbindung geknüpft. Wie an vielen Orten der Welt, die nach dem Zweiten Weltkrieg italienische Einwanderer aufnahmen, hielt die italienische *cucina* auch Einzug in die deutschen Küchen. In den 1950er- und 1960er-Jahren kamen zahlreiche italienische Einwanderer, die Tausende italienischer Restaurants im ganzen Land eröffneten. Schon bald gehörten Pizza und Pasta zu den Standardgerichten. Heute gehört Pasta mit zu den Grundnahrungsmitteln, die gerne zusammen mit Gemüse und Fleischsaucen gegessen wird.

PASTA MIT HOKKAIDO-KÜRBIS, PFIFFERLINGEN, JUNGEN ERBSEN UND SPINAT

Ⓥ

Für 3-4 Personen

3 Schalotten
3 Knoblauchzehen
400 g frische Pfifferlinge
1 mittelgroßer Hokkaido-Kürbis
500 g frische Erbsen

Nicht-vegane Option
Parmesan

Grüne Pasta
2 Eier
250 g feines Mehl
3 EL Olivenöl
Ca. 50 ml warmes Wasser
Ca. 200 g frischer Spinat

Zubereitung

1. Den ganzen, ungeschälten Kürbis im Ofen ca. 1 Stunde bei 180 °C backen
2. Pfifferlinge in einer Schüssel oder im Spülbecken unter kaltem Wasser waschen, abseihen und gut trocknen lassen (man kann sie auf mehrere Blätter Küchentücher legen, um das Wasser aufzusaugen)
3. Erbsen aus der Schote lösen, in einem kleinen Kochtopf auffangen, 200 ml Wasser und etwas Salz hinzufügen; beiseitestellen
4. Zwiebeln und Knoblauch schälen und fein hacken, beiseitestellen

Pasta

1. Spinat gründlich waschen und mit einem Entsafter zu Saft verarbeiten (wenn du keine grünen Nudeln machen möchtest, verwende statt dem Spinat mehr warmes Wasser)
2. In einer Schüssel Eier, Mehl, eine Prise Salz und Olivenöl vermengen
3. Mit dem Kneten beginnen und nach und nach Spinatsaft (bzw. lauwarmes Wasser für nicht-grüne Nudeln) hinzufügen, und zwar nur so viel, dass ein geschmeidiger Teig, ähnlich einem Pizzateig, entsteht (wenn der Teig zu klebrig/feucht ist, nimm etwas mehr Mehl; wenn er zu trocken ist, ergänze Saft oder Wasser)
4. Die Arbeitsfläche gut mit Mehl bestäuben und den Teig in lange Streifen ausrollen
5. Mit einer italienischen Nudelpresse Fettuccine oder Spaghetti herstellen (du kannst auch ohne Nudelpresse arbeiten: den Teig dünn ausrollen und mit einem Messer Streifen schneiden)
6. Leg die Nudeln auf einen Teller oder ein Holzbrett mit viel Mehl, damit sie nicht zusammenkleben, oder häng sie an einen Nudeltrockner, falls vorhanden

Gemüse und Pilze

1. In einer großen Pfanne Zwiebeln, Knoblauch und Pilze in Pflanzenöl anbraten
2. Mit Salz und Pfeffer würzen (manchmal bilden Pfifferlinge viel überschüssige Flüssigkeit. Wenn dies der Fall ist, die Flüssigkeit mit einem Schöpflöffel abnehmen und in einer Tasse sammeln und bei Bedarf später hinzufügen, um eine Sauce herzustellen)
3. Abdecken und auf sehr kleiner Flamme warm halten
4. Ausreichend Wasser für die Nudeln in einem großen Topf erhitzen, großzügig salzen
5. Kürbis aus dem Ofen nehmen und etwas abkühlen lassen
6. In einem anderen Topf Erbsen mit ca. 2 cm Wasser und einer Prise Salz ca. 5 Minuten zugedeckt kochen
7. Wenn du Blattspinat übrig hast, kannst du die Blätter mit den Erbsen kochen
8. Pasta 2 Minuten in Salzwasser kochen, abgießen

Alles auf Tellern anrichten, mit Olivenöl beträufeln und mit frisch gemahlenem schwarzem Pfeffer bestreuen.

Buchweizenrisotto ist eine schmackhafte Alternative zu Risotto aus Reis. Mit dem leicht nussigen Geschmack und in Kombination mit Gemüse und einem Pesto der Saison ist Buchweizen eine Köstlichkeit.

In diesem Rezept habe ich Fenchel verwendet, aber du kannst auch Zucchini, Kürbis, Romanesco, Brokkoli oder frische Erbsen in beliebiger Kombination wählen – eben alles, was frisch ist und Saison hat. Serviere dazu Bärlauch-, grünes Möhren-, Wildkräuter-, Basilikum oder Rucola-Pesto.

(v) BUCHWEIZENRISOTTO MIT OFENFENCHEL, JUNGEN ERBSEN UND PESTO

Für 4 Personen

400 g Buchweizen
1 EL Olivenöl
½ Zitrone
2 EL Pflanzenöl
2-3 mittelgroße Zwiebeln
3 Knoblauchzehen
2 große oder 3 mittelgroße Fenchelknollen
350 ml Weißwein

Pesto
s. Seite 45 und 67

12 Stunden Vorbereitungszeit

1. Buchweizen in Wasser über Nacht im Kühlschrank einweichen lassen
2. Backofen auf 200 °C vorheizen
3. Buchweizen abgießen
4. Fenchel waschen, vierteln und den inneren Strunk mit einem Schälmesser entfernen
5. Fenchel auf ein Backblech legen, mit Salz bestreuen, mit Olivenöl beträufeln und dann ca. 20-30 Minuten rösten, bis er weich und leicht gebräunt ist
6. Erbsen aus den Schoten nehmen, beiseitestellen
7. Zwiebeln und Knoblauch schälen und klein schneiden, in Pflanzenöl andünsten
8. Buchweizen dazugeben und mit Pfeffer und Salz würzen
9. Ca. 5 Minuten ständig rühren, dann mit Weißwein ablöschen
10. Zugedeckt bei schwacher Hitze ca. 20 Minuten köcheln lassen, dabei alle 5 Minuten umrühren und den Boden abschaben
11. Erbsen ca. 5 Minuten vor dem Servieren zum Risotto geben

Vor dem Anrichten einen Spritzer Zitronensaft dazugeben
Mit Pesto servieren oder mit frischen Kräutern oder essbaren Blüten bestreuen.

Auch dieses Gericht richtet sich ganz danach, was auf dem Bauernmarkt oder in der jeweiligen Jahreszeit erhältlich ist. Wurzelgemüse schmeckt besonders gut, wenn es im Ofen geröstet wird. Du kannst mehrere Gemüsesorten miteinander kombinieren, z. B. Rote Bete, Karotten, Sellerie, Pastinaken, Fenchel oder Auberginen, oder auch nur eine oder zwei Sorten verwenden. Beginne deine Experimente mit deinen Lieblingsgemüsen, aber achte darauf, dass du sie tagesfrisch einkaufst und qualitativ hochwertige Produkte auswählst; diese liefern viel intensiveren Geschmack und müssen dadurch weniger gewürzt werden.

(veg) SAISONALES OFENGEMÜSE AUF ROTE-BETE-KARTOFFELPÜREE

Für 4 Personen

1 ½ kg frisches Gemüse deiner Wahl
750 g Kartoffeln
4 mittelgroße Rote Beten
3 Schalotten
5 Knoblauchzehen
Salz und Pfeffer
2 EL Butter*
100 ml Milch*
2-3 Frühlingszwiebeln

**Vegane Version*
Nimm 2 EL Olivenöl anstelle von Butter sowie Hafer- oder Mandelmilch anstelle von Kuhmilch.

1. Backofen auf 180 °C vorheizen
2. Gemüse waschen und/oder schälen und so einteilen, dass zwei Gemüsehaufen entstehen – einer für längere Garzeit, der andere für kürzere Garzeit
3. Kartoffeln und Rote Beten schälen, halbieren oder vierteln, in einen Kochtopf geben und 1L Wasser hinzufügen
4. Zum Kochen bringen, etwas salzen, zudecken und bei mittlerer Hitze ca. 30-40 Minuten weich kochen; Wasser abgießen und zugedeckt beiseitestellen
5. Schalotten und Knoblauch schälen und ganz lassen
6. Auf einem Backblech alle Gemüsesorten anordnen, die mehr Zeit zum Garen brauchen, also alles an Wurzelgemüse und ganze Zwiebeln
7. Knoblauch hinzugeben, mit Olivenöl beträufeln und mit Salz und Pfeffer besprenkeln
8. Ca. 20 Minuten rösten
9. Das Gemüse mit kürzerer Garzeit hinzufügen (wie Blumenkohl, Brokkoli oder Romanesco) und weitere 12-15 Minuten rösten
10. Frühlingszwiebeln waschen und so dünn wie möglich schneiden, für später beiseitestellen
11. Butter oder Olivenöl und Milch zu den Kartoffeln und Rüben geben, mit Salz und Pfeffer würzen und bei schwacher Hitze pürieren (wenn das Püree zu trocken ist, mehr Öl oder Butter und/oder Milch hinzufügen)

Püree mit dem gebackenen Gemüse servieren, mit Frühlingszwiebeln bestreuen und mit einem Schuss Olivenöl besprenkeln.

Von Ende April bis Anfang Juni sind wir Deutschen verrückt nach weißem Spargel. Er trägt den Spitznamen „Königsgemüse" und hat eine kulinarische Obsession ausgelöst. In jedem Restaurant gibt es Menüs, die dem Spargel gewidmet sind, und sobald er Saison hat, wird er in Küchen im ganzen Land gekocht. Einen Spargel genießt man als Hauptmahlzeit, als Beilage und in Suppen oder Aufläufen.

Um weißen Spargel zu kultivieren, werden die Stangen während des Wachstums mit Erde bedeckt. Ohne Sonneneinstrahlung findet keine Fotosynthese statt – die Stangen bleiben weiß. Im Vergleich zu grünem Spargel gilt der lokal angebaute weiße Spargel als weniger bitter und viel zarter. Frische und Dicke der Stangen sind wichtig für Geschmack und Zartheit. Weißer Spargel wird vor dem Kochen geschält.

(veg) # WEISSER SPARGEL, GESCHWENKTE KRÄUTERKARTOFFELN, WACHTELEIER UND SAUCE HOLLANDAISE

Für 3-4 Personen

1 kg Kartoffeln
1 ½ kg Spargel
1 Bund frische Kräuter deiner Wahl
(oder ein Gemisch aus Petersilie, Schnittlauch, Kerbel und Dill)
1 ½ EL Butter oder Olivenöl
8 Wachteleier
Salz und Pfeffer

Sauce Hollandaise
125 g Butter
3 Eier
3 EL Weißwein
110 ml Zitronensaft
Salz, Pfeffer und Muskat

Dieses Gericht erfordert eine gewisse Schnelligkeit und die Fähigkeit, mehrere Aufgaben gleichzeitig zu erledigen. Daher empfehle ich, bereits vor dem Kochen einiges vorzubereiten, etwa den Tisch zu decken, Wein kalt zu stellen, eventuell aufzuräumen etc. Wenn du keine einzelnen Teller anrichten möchtest, kannst du Servierplatten und Schüsseln im Voraus vorbereiten.

Vorbereitung

1. Kartoffeln waschen, mit Schale weich kochen, abkühlen lassen, schälen und zurück in den Kochtopf geben
2. Kräuter waschen, klein hacken und zu den Kartoffeln geben, Butter oder Olivenöl dazugeben, abdecken und ohne Hitze beiseitestellen
3. Spargel schälen und in einen langen Spargeltopf oder alternativ in eine große, tiefe Pfanne mit Deckel geben, damit die Stangen im Ganzen und der Länge nach eingelegt werden können

Sauce Hollandaise

1. Ein Wasserbad ansetzen oder eine hitzefeste Schüssel in einen Topf mit simmerndem Wasser stellen (s. Seite 202)
2. Eier trennen
3. Butter in einem kleinen Topf langsam schmelzen
4. Eigelb, Wasser, Weißwein, Salz, Pfeffer und Muskatnuss in der Schüssel im Wasserbad verrühren und unter ständigem Rühren mit einem Schneebesen weiterschlagen, bis eine glatte, cremige Masse entsteht
5. Aus dem Wasserbad nehmen und die flüssige Butter langsam, in einem kleinen, gleichmäßigen Strahl einrühren, bis die Sauce eingedickt ist
6. Zitronensaft unter ständigem Rühren hinzufügen und die Sauce abschmecken
7. Zugedeckt auf sehr kleiner Flamme bis zum Servieren warm halten; darauf achten, dass die Sauce nicht kocht, sonst gerinnt sie

Spargel kochen

1. Spargelstangen in einen großen Topf mit großzügig kaltem Wasser legen und zum Kochen bringen
2. Salz und 1 TL Zucker hinzufügen
3. Hitze reduzieren und den Spargel zugedeckt ca. 7 Minuten köcheln lassen (prüfe die Zartheit mit einem Messer oder einer Gabel: Er sollte noch fest und formbar, aber zart sein)
4. Nun den Topf mit den Kartoffeln, der Butter (bzw. dem Olivenöl) und den Kräutern kurz erhitzen und zugedeckt mehrmals leicht schütteln; den Herd ausschalten und in eine Servierschüssel oder direkt auf Teller geben
5. Sauce Hollandaise erneut kurz erhitzen, dabei noch einmal 1-2 Minuten gründlich verquirlen, bis sie schön heiß und cremig ist

Einige Spargelstangen, die Sauce Hollandaise sowie 2-3 Wachteleier dazugeben oder alles in einer separaten Schüssel servieren.

Dieses traditionelle Gericht hat seinen Ursprung in Schwaben, einer Region in Baden-Württemberg und Westbayern. Eine Maultasche ist eine Nudelteigschicht, die eine Füllung, traditionell aus Hackfleisch, Spinat, Semmelbröseln, Zwiebeln, Kräutern (Petersilie) und Gewürzen (Pfeffer und Muskatnuss), umschließt. Maultaschen ähneln den italienischen Ravioli, sind aber größer, etwa 8-12 cm, und rechteckig. Die Füllung kann natürlich leicht in ein vegetarisches Gericht umgewandelt werden, indem man Saisongemüse verwendet und das Fleisch weglässt.

(veg) VEGETARISCHE MAULTASCHEN MIT PILZEN UND SPINAT IN KLARER BRÜHE

Für 4 Personen

Füllung
1 ½ l Gemüsebrühe, s. Seite 106
200 g Pilze (Champignons oder Pilze der Saison)
175 g Spinat oder Mangold
3 Knoblauchzehen
1 mittelgroße Zwiebel
1 mittelgroße Pastinake
100 g frische Kräuter deiner Wahl
1 Ei
2 EL Mehl
Salz und Pfeffer
Einige Stängel Frühlingszwiebeln oder Schnittlauch

Nudelteig
2 Eier
250 g Mehl
Ca. 60-90 ml warmes Wasser
3 EL Olivenöl
Mehl fürs Ausrollen

Nicht-vegetarische Version
Um Maultaschen mit Fleisch zu herzustellen, verwende einfach Rinder- oder Schweinefleisch anstelle der Pilze. Grundsätzlich kannst du die Zutaten beliebig kombinieren: Fleisch mit Pilzen, Fleisch mit Spinat oder einfach Hackfleisch mit Zwiebeln und Knoblauch. Verwende ca. 350-450 g Hackfleisch, je nachdem, ob du es mit Gemüse mischen möchtest oder nicht.

Teig

1. In einer Schüssel Eier, Mehl, Olivenöl und eine Prise Salz locker vermengen
2. Mit dem Kneten beginnen und langsam, nach und nach, warmes Wasser hinzufügen, aber nur so viel wie nötig, um einen elastischen, glatten Teig herzustellen (idealerweise sind deine Hände nach dem Kneten ganz frei von Teig)
3. Mindestens 5 Minuten lang gründlich kneten (falls der Teig noch zu klebrig ist, etwas mehr Mehl verwenden)
4. Mit Wachspapier abdecken und in den Kühlschrank stellen

Füllung

1. Pastinaken, Spinat/Mangold, Zwiebeln, Champignons und Kräuter waschen bzw. schälen und klein schneiden, in einer Schüssel sammeln
2. Ei und Mehl hinzufügen und mit Salz und Pfeffer würzen
3. Gut mischen, beiseitestellen

Nudelteig rollen und füllen

1. Auf einer sauberen, mit Mehl besprenkelten Fläche den Teig in lange, ca. 10-15 cm breite Streifen dünn ausrollen (entweder mit einer italienischen Nudelmaschine oder einem Nudelholz)
2. In ca. 8 x 16 cm große Rechtecke schneiden
3. Einen gehäuften Teelöffel der Füllung auf eine Hälfte des Nudelrechtecks geben
4. Die Ränder mit etwas Wasser oder Öl bestreichen, damit sie kleben bleiben
5. Die andere Hälfte der Nudeln über die Füllung klappen
6. Ein Päckchen formen, indem du die Ränder mit den Fingern andrückst
7. Die Pakete durch Eindrücken mit den Zacken einer Gabel an den Rändern verschließen
8. Die Nudelpakete auf Wachspapier oder auf einen Teller legen und mit Mehl bestäuben, damit sie nicht kleben bleiben

Maultaschen kochen

1. In einem großen Kochtopf die Gemüsebrühe erhitzen (s. Seite 106)
2. Maultaschen nacheinander hineinlegen und ca. 15-20 Minuten auf kleiner Hitze kochen lassen
3. In der Zwischenzeit Frühlingszwiebeln oder Schnittlauch fein schneiden

In einem tiefen Suppenteller 1 oder 2 Maultaschen mit viel Brühe und frischen Kräutern und/oder Frühlingszwiebeln servieren.

Ohne Zweifel ist ein Schnitzel für viele ein traditionelles deutsches Essen. Ein Wiener Schnitzel (das österreichische Original – aus Kalbfleisch) oder ein Schnitzel Wiener Art (Schwein, Pute oder Hähnchen) wird oft als Trost- oder Kinderessen bezeichnet. Köstlich goldbraun gebraten, beschleicht einen das Gefühl von Nostalgie. Als Schnitzel-Begleiter findet man hierzulande meist Pommes frites oder Bratkartoffeln, manchmal Salzkartoffeln. Im Sommer passt dazu grüner Salat, im Winter Krautsalat.

Das Selleriewurzelschnitzel ist eine erstaunlich schmackhafte vegetarische Variante, um die zahlreichen Fleischimitate aus dem Supermarkt zu umgehen. Natürlich fehlt hier der Fleischgeschmack, aber es ist knusprig, saftig und sehr lecker. Du kannst es unkompliziert zubereiten und sogar mit den für das Fleischschnitzel typischen Beilagen kombinieren.

Süß-sauer gekochter Rotkohl ist eine Beilage, die im Herbst und Winter überall in Deutschland serviert wird.

Er passt zu Braten, Rinderrouladen und Wildgerichten. Rotkohl-Rezepte können natürlich je nach regionalen oder familiären Traditionen leicht variieren. Da der Kohl mehr Garzeit benötigt als das Sellerieschnitzel, beginne zunächst damit, den Kohl zu kochen, und bereite währenddessen das Schnitzel zu.

(veg) SELLERIESCHNITZEL AUF ROTKOHL

Für 3-4 Personen

Rotkohl
1 Rotkohl
1 große rote oder gelbe Zwiebel
1 Apfel
2 EL Essig (Apfel-, Weißwein- oder Rotweinessig)
3 Lorbeerblätter
5 Wacholderbeeren
2 Nelken
Salz und Pfeffer
Pflanzenöl

Schnitzel
1 große Sellerieknolle
1 großes oder 2 kleine Eier
125 g Paniermehl*
125 g Mehl*
Zitrone
Salz und Pfeffer

*Glutenfreie Version
Nimm ca. 8 EL Buchweizen- oder Reismehl.

Sellerieknollenschnitzel

1. Sellerieknolle schälen und in 1 ½ cm dicke Scheiben schneiden
2. In einem großen Kochtopf ca. 5-10 Minuten halb weich kochen, abgießen und abkühlen lassen
3. Eier mit Salz und Pfeffer verquirlen und in einen großen Suppenteller gießen
4. Zwei Teller nehmen und eine Schicht Semmelbrösel auf den einen und eine Schicht Mehl auf den anderen Teller geben
5. Jede Selleriewurzelscheibe zuerst in das Mehl, dann in die Eier und dann in die Semmelbrösel tauchen
6. In der Pfanne auf jeder Seite goldbraun braten, nochmals würzen

Vor dem Servieren etwas frischen Zitronensaft über die Schnitzel träufeln.

Rotkohl

1. Äußere Blätter des Kohls entfernen
2. Den Kohl halbieren und den inneren großen Strunk rausschneiden
3. Kohlhälfte mit der Schnittfläche nach unten auf ein Schneidebrett legen und mit einem großen, scharfen Messer so dünn wie möglich schneiden; alternativ eine Reibe benutzen
4. Waschen und abtropfen lassen
5. Zwiebel hacken und in einem Kochtopf mit Öl schmoren
6. Kohl zugeben, mit den Zwiebeln mischen, salzen und pfeffern und ca. 3-5 Minuten rühren
7. 3 ½ EL Wasser und Gewürze zugeben
8. Apfel schälen, entkernen, würfeln und in den Topf geben
9. Einige Minuten kochen lassen, dann die Hitze reduzieren und zugedeckt mind. 1 Stunde auf kleiner Flamme köcheln lassen (gelegentlich prüfen, ob genug Flüssigkeit vorhanden ist; falls nicht, etwas Wasser nachgießen)
10. Essig hinzufügen und mit Salz und Pfeffer abschmecken

Auf den ersten Blick ist nicht zu erkennen, dass diese Schmorgurken mit der Salatgurke verwandt sind. Sie sind dick, gelblich-grün, voller großer Kerne und zum Kochen gedacht. Man kann sie auch roh essen, aber sie schmecken nicht so gut, denn sie sind bitter und haben eine dicke Schale.

Die Schmorgurke ist ein typisches Sommergemüse und stammt ausschließlich aus dem Freilandanbau. Wie alle anderen Gurkensorten stammen sie aus Ostindien und wurden offenbar schon vor 4.000 Jahren kulinarisch genutzt. Die Erntezeit beginnt im Juli und kann bis September dauern. Schmorgurken werden in traditionellen Rezepten mit Dill, Speck oder Hackfleisch zubereitet.

Bratkartoffeln werden roh oder vorgekocht gebraten. Die Rezepte variieren mit der Zugabe von Röstzwiebeln, Schweinebauchfleisch oder Speck. Als beliebtes einfaches Gericht werden sie zusammen mit Spiegeleiern, Rühreiern, Sülze (Fleisch vom Schweine- oder Kalbskopf, das in einem Topf mit Gelee gekocht und gepresst wird), Wurst und auch gebratenem oder mariniertem Hering serviert. Sie können ebenso als Beilage zu Fleisch- und Gemüsegerichten zum Mittagessen serviert werden.

In dieser veganen Version kommt der einzigartige subtile Geschmack der Schmorgurken zur Geltung, der durch Fleisch oder Speck sicherlich überlagert würde.

SCHMORGURKEN MIT BRATKARTOFFELN

Für 4 Personen

4-6 Schmorgurken
3 Schalotten
Salz und Pfeffer
1 kg Kartoffeln
2 mittelgroße Zwiebeln
Pflanzenöl
1 EL Olivenöl
Frischer Dill oder/und Fenchelblüten
100 ml Wasser
Spritzer Zitronensaft

Schmorgurken

1. Zwiebeln schälen und beliebig in Würfel oder Scheiben schneiden
2. Gurken waschen (wenn die Haut sehr dick und hart erscheint, schälen)
3. Gurken der Länge nach halbieren und eventuell entkernen (sie können sehr bitter sein – daher vorher prüfen und probieren)
4. In einer großen Pfanne die Gurken mit einer der Zwiebeln in Pflanzenöl anbraten, bis die Gurken eine leicht goldgelbe Farbe annehmen
5. Mit Salz und Pfeffer würzen
6. Wasser hinzufügen, zudecken und ca. 5 Minuten köcheln lassen

Kartoffeln

1. Kartoffeln mit Schale kochen, abkühlen lassen, pellen und in Scheiben oder Würfel schneiden
2. Zwiebel schälen und in Scheiben schneiden
3. In einer großen – am besten gusseisernen – Bratpfanne Kartoffeln und Zwiebeln zusammen anbraten, bis sie gleichmäßig braun sind
4. Mit Salz und Pfeffer würzen

Gurken und Kartoffeln zusammen auf Tellern anrichten und mit Dill oder Fenchelblüten garnieren und einen Spritzer Zitrone dazugeben.

Im Herbst, wenn köstliche Pilze aus dem Wald auf den Märkten zu finden sind, werden in vielen Restaurants und in der eigenen Küche gebratene Pilze serviert – oft einfach mit einem Stück Brot oder mit Schnittlauch oder Petersilie bestreut. Es ist ein simples Gericht, das den Geschmack frischer Pilze in seiner ganzen Pracht zur Geltung bringt.

(veg) PILZPFANNE

Für 4 Personen

1 kg frische Pilze der Saison (z. B. Steinpilze, Birkenpilze, Seitlinge oder Braunkappen)
2 mittelgroße Zwiebeln
Pflanzenöl
1 EL Butter*
Salz und Pfeffer
Schnittlauch und/oder Petersilie

*Vegane Version
Nimm 1 EL Olivenöl anstelle von Butter.

1. Pilze nicht waschen, sondern mit einer Gemüsebürste vorsichtig und gründlich reinigen und ggf. schlechte Teile entfernen. Wenn die Pilze sehr groß sind, diese halbieren oder vierteln
2. Zwiebeln schälen und in dünne Ringe schneiden
3. Eine große, schwere – am besten gusseiserne – Pfanne erhitzen
4. Pilze zusammen mit den Zwiebeln goldbraun anbraten (wenn sich viel Flüssigkeit bildet, mit einem Esslöffel entnehmen, aber für später aufbewahren)
5. Mit Salz und Pfeffer würzen
6. Butter oder Olivenöl dazugeben, den beiseitegestellten Pilz- und Zwiebelsaft in die Pfanne zurückgeben, zudecken und 2 Minuten köcheln lassen

Mit Kräutern bestreuen und mit einem dunklen, herzhaften Brot servieren.

Dieses Sauerkrautrezept stammt vom Szegediner Gulasch ab, einem würzigen ungarischen Fleischeintopf mit Sauerkraut. Es ist würzig, weil es mit Knoblauch und Paprika gekocht wird, wodurch ein wunderbar intensiver Geschmack entsteht. Schwarzwurzeln sind ein köstliches Gemüse, das auch Winterspargel genannt wird. Das Schälen ist etwas mühsam, denn die ca. 30 cm langen Wurzeln mit der dicken schwarzen Schale sind oft recht sandig und produzieren eine klebrige, milchige Substanz. Um deine Hände zu schonen, kannst du sie entweder vorm Schälen kurz abkochen oder Handschuhe tragen. Nach dem Schälen sollten sie direkt in Zitronenwasser gelegt werden, damit sie nicht oxidieren. Das Gemüse kann als Beilage, mit Saucen oder paniert und frittiert serviert werden.

(v) UNGARISCHES SAUERKRAUT MIT SCHWARZWURZELN

Für 4 Personen

Sauerkraut
700 g Sauerkraut
2 mittelgroße Zwiebeln
3 Knoblauchzehen
2 EL Pflanzenöl
1 EL Olivenöl
1 EL Tomatenmark
2 TL Paprika
1 TL Honig
6 Wacholderbeeren
2 Lorbeerblätter
1 TL Salz
75 ml Weißwein
Pfeffer

Schwarzwurzeln
1 kg Schwarzwurzeln
Pflanzenöl
½ Zitrone
Salz und Pfeffer

Sauerkraut

1. Sauerkraut abseihen
2. Zwiebeln und Knoblauch schälen und fein schneiden
3. In einem Kochtopf (vorzugsweise Gusseisen) Öl erhitzen und Zwiebeln und Knoblauch andünsten
4. Tomatenmark zugeben und gut verrühren, mit Weißwein ablöschen
5. Alle Gewürze, Salz und Honig zugeben
6. Sauerkraut und Olivenöl zugeben und gut vermischen
7. 2 EL Wasser dazugeben
8. Zugedeckt im Backofen bei 180 °C 30-40 Minuten backen (wenn du keinen ofenfesten Topf haben solltest, in eine Kasserolle umfüllen und mit Alufolie als Deckel abdecken)

Schwarzwurzeln

1. Schwarzwurzeln unter fließendem Wasser waschen
2. Schwarzwurzeln (am besten mit Handschuhen) mit einem Gemüseschäler schälen und sofort in eine Schüssel mit Zitronenwasser legen
3. Öl in einer Pfanne oder einem Topf erhitzen und die Wurzeln darin schmoren, bis sie halb weich und goldbraun sind; mit Salz und Pfeffer würzen
4. Einen Spritzer Zitronensaft hinzufügen

Schwarzwurzeln auf Sauerkraut anrichten, wahlweise mit gekochten oder pürierten Kartoffeln.

TRADITIONELLE FLEISCHGERICHTE
EINE KLEINE AUSWAHL FÜR FLEXITARIER

Bis vor etwa einem Jahrzehnt waren die meisten Menschen in reichen westlichen Ländern der Meinung, dass eine warme Mahlzeit immer Fleisch enthalten sollte.

Louise O. Fresco,
Hamburgers in Paradise

Obwohl deutsche Küche immer noch von Fleischgerichten geprägt ist, steht sie kurz vor einem großen Wandel, da sich unsere Essgewohnheiten langsam ändern. Der durchschnittliche Fleischkonsum in Deutschland war schon immer recht hoch, außer im 19. Jahrhundert und in Kriegszeiten, als er auf 14 kg pro Person und Jahr sank. Im Jahr 2019 verzehrten die Deutschen zwischen 58 und 64 kg Fleisch pro Person, die Hälfte davon allein in Form von Aufschnitt.

In diesem Kapitel stelle ich ein paar meiner Lieblingsfleischgerichte vor, die meiner Meinung nach sowohl geschmacklich als auch optisch eine elegante Mahlzeit darstellen.

Kohlrouladen sind ein traditionelles Gericht, das von Nord bis Süd und von Ost bis West serviert wird. Die mit Fleisch gefüllten Kohlrouladen haben ihren Ursprung in Byzanz und kamen im Mittelalter nach Mittel- und Osteuropa. Da Kohl in den nördlichen Regionen gut wächst, war dieses Rezept ideal, um Fleisch zu konservieren. Kohlrouladen lassen sich leicht in ein schmackhaftes vegetarisches oder veganes Gericht umwandeln.

*Vegetarische Version
Kreiere eine Füllung aus Gemüse und Pilzen (z. B. Zucchini, Paprika, Fenchel) und achte darauf, dass du alles sehr klein schneidest. Nimm 2 anstatt 1 Ei und mische 1 EL Mehl unter die Füllung.

*Vegane Version
Verfahre wie in der vegetarischen Version, aber benutze 1-2 gekochte Kartoffeln anstelle der Eier.

*Glutenfreie Version
Verwende Buchweizen- oder Reismehl und ein glutenfreies Brötchen oder Toast.

KOHLROULADEN MIT GESCHWENKTEN KRÄUTERKARTOFFELN

Für 4 Personen

1 großer Weißkohl, Rotkohl oder Wirsing*

400 g gehacktes Rind-, Schweine- oder Lammfleisch*
4-5 Knoblauchzehen
2 mittelgroße Zwiebeln
1 Ei*
½ Apfel
1 Brötchen*
2 EL Butter*
Olivenöl
Einige Stängel frischer Thymian oder Rosmarin (alternativ: 1 TL getrocknete Kräuter)
Salz und Pfeffer
1 TL gemahlene Fenchelsamen
1 EL Senfsamen
1 TL Paprikapulver
1 EL Mehl*
Frische gemischte Kräuter (Petersilie, Schnittlauch, Kerbel)
1 kg Kartoffeln

Optional
Rot- oder Weißwein zum Ablöschen

Achte darauf, dass der Kohl so groß ist, dass du genügend große Blätter zur Verfügung hast

Kohlrouladen (Krautwickel)

1. Brötchen in Wasser einweichen (10-15 Minuten)
2. Einen großen Topf mit Wasser zum Kochen bringen
3. Den unteren Teil des Kohls abschneiden und den Strunk mit einem kleinen Messer entfernen
4. Die äußeren Blätter vorsichtig einzeln abziehen und dabei darauf achten, dass sie nicht reißen (manchmal lassen sich die Blätter nur schwer entfernen; in dem Fall kannst entweder mehr vom inneren Strunk wegschneiden oder den ganzen Kohl einige Minuten in kochendes Wasser legen, damit er weich wird und die Blätter einfacher zu trennen sind)
5. Die einzelnen Blätter 1 Minute in das kochende Wasser geben, damit sie weicher werden und nicht reißen, aber noch fest sind
6. In einem Sieb oder einer Schüssel beiseitestellen
7. Fleisch ggf. durch den Fleischwolf drehen
8. Zwiebeln, Knoblauch und Kräuter zerkleinern und ⅓ für später beiseitestellen
9. Apfel schälen und raspeln
10. Das gesamte Wasser aus dem Brötchen auspressen
11. In einer größeren Schüssel Fleisch, Ei, Zwiebeln, Knoblauch, Kräuter, Apfel, Brötchen und Gewürze vermischen

Fortsetzung auf der nächsten Seite.

12. Ein Blatt nehmen, auf die Arbeitsfläche legen und einen guten Esslöffel der Mischung in die Mitte geben
13. Falte nun das Blatt zu einem Paket, ähnlich einem Burrito
14. Verwende eine Kochschnur, um die einzelnen Pakete zu binden, sodass sie im Kochtopf unversehrt bleiben; mach Schleifen, keine Knoten
15. In einer großen Pfanne Öl erhitzen und die Rouladen goldbraun anbraten, dann mit Wasser (oder wahlweise Rot- oder Weißwein) ablöschen und einen Klecks Butter (oder einen Schuss Olivenöl) hinzufügen (es sollte noch eine gute Menge Flüssigkeit in der Pfanne sein)
16. Mit einem Deckel abdecken und etwa 15-20 Minuten auf kleiner Flamme köcheln lassen, (währenddessen kannst du die Kartoffeln kochen)

Sauce

1. Kohlrouladen aus der Pfanne nehmen und in eine hitzebeständige Auflaufform geben, abdecken und im Ofen warm halten
2. Flüssigkeit aus der Pfanne durch ein feines Sieb in eine Schüssel abgießen. Die Pfanne nicht ausspülen, sondern etwas Wasser hinzufügen und Ablagerungen vorsichtig vom Boden abkratzen. Falls der Sud krümelig ist, nochmals durch ein Sieb zu der anderen Flüssigkeit geben
3. 1 EL Mehl mit 4 EL Wasser in einem Einmachglas vermischen 2 EL Butter in die Pfanne geben, die Hitze langsam erhöhen und unter ständigem Rühren nach und nach die Mehl-Wasser-Mischung hinzufügen (wenn die Sauce zu dick wird, noch etwas Wasser zugeben)
4. Mit Salz und Pfeffer würzen; die zurückbehaltene Flüssigkeit und die Hälfte der beiseitegestellten gehackten Zwiebeln und Kräuter hinzugeben

5. Zugedeckt ca. 5 Minuten köcheln lassen, abschmecken und nachwürzen
6. Sauce über die Rouladen in der Auflaufform gießen, abdecken und im Ofen warm halten, bis sie servierbereit sind

Jetzt kannst du dich sich um andere Dinge kümmern (Kartoffeln abgießen, anderes Gemüse als Beilage, Tisch decken usw.).

Kräuterkartoffeln

1. Kartoffeln waschen und mit Schale kochen, abkühlen lassen, pellen und in einen Kochtopf geben
2. Zwiebel, Knoblauch und frische Kräuter nach Wahl hacken, zu den Kartoffeln geben
3. Mit Salz und Pfeffer würzen
4. Kurz vor dem Servieren auf den Herd stellen, den Topf mit einem Deckel abdecken und vorsichtig ein paar Mal schütteln

Das Gericht ist nach der Stadt Königsberg (dem heutigen Kaliningrad) benannt, jedoch existieren Rezepte bereits aus dem 18. Jahrhundert aus Preußen und dem Baltikum. Eine genaue Herkunft ist daher unklar. In der DDR wurde dieses Gericht „Kochklopse" genannt, um den Bezug zur namensgebenden Stadt zu vermeiden, die nach dem Zweiten Weltkrieg russisches Gebiet wurde. Die deutschen Einwohner wurden aus der Region vertrieben, die Stadt nach Michail Kalinin, einem engen Verbündeten Stalins, umbenannt. Daher wurden Königsberger Klopse auch als Revanchistenklopse bezeichnet.

Dieses Gericht ist ein traditionelles gesamtdeutsches Essen und überaus beliebt, aber nur vereinzelt in Restaurants zu finden. Die fischigen Klopse werden in einer Kapern-Weißwein-Sauce gekocht und mit Kartoffeln gegessen. Der einzigartige Geschmack entsteht durch die Kombination von Rindfleisch (oder Kalbfleisch) mit Sardinen, Wein und Kapern.

KÖNIGSBERGER KLOPSE MIT KARTOFFELN

Für 4 Personen

400 g gehacktes Rind- oder Kalbfleisch
2 frische Sardinenfilets oder 1 Dose konservierte Sardinen
1-2 Möhren
½ große oder 1 kleinere Sellerieknolle
1 mittelgroße Petersilienwurzel
Einige Stängel Petersilie
1 Stange Lauch
1 Brötchen
2 Schalotten
Frische Kräuter der Saison
2-3 Knoblauchzehen
1 Ei
1 kg Kartoffeln
½ l Weißwein
½ l Gemüsebrühe (s. Seite 106)
50 g Kapern
1-2 EL Mehl

Gewürze
Salz, Pfeffer, Senfkörner, Wacholderbeeren, Lorbeerblätter, Thymian

Optional
Saure Sahne oder Crème fraîche

1. Brötchen in Wasser einweichen (10-15 Minuten), dann das gesamte Wasser auspressen
2. Zwiebeln und Knoblauch fein hacken
3. Fleisch ggf. durch den Fleischwolf drehen
4. In einer Rührschüssel das Fleisch mit Sardinen, Brötchen, Ei, Zwiebeln, Knoblauch, Mehl, Salz und Pfeffer vermengen. Du kann dazu erst eine Gabel benutzen und später deine Hände
5. Gründlich mischen und runde Bällchen mit einem Durchmesser von ca. 3-4 cm formen (die Mini-Frikadellen sollten sich fest anfühlen; wenn die Masse zu feucht ist, etwas Mehl hinzufügen)
6. Gemüsebrühe erhitzen, ½ l Weißwein dazugeben, auf hohe Temperatur bringen und die Fleischbällchen langsam und vorsichtig in die Brühe geben
7. Hitze reduzieren, abdecken und ca. 30 Minuten köcheln lassen
8. Kartoffeln kurz abwaschen und mit Schale kochen, pellen und im Ofen warm halten
9. Lauchstange gut waschen und in feine Ringe schneiden, beiseitestellen
10. Fleischbällchen vorsichtig aus dem Topf nehmen und auf einem Teller platzieren. Die Brühe durch ein feines Sieb in eine Schüssel gießen
11. Brühe in den Kochtopf zurückgeben
12. In ein Glas mit Deckel 2 EL Wasser plus 2 EL Brühe mit 1 EL Weißmehl (und wahlweise einem Schuss Sahne) geben und schütteln
13. Nun die Brühe noch einmal aufkochen und die Mehlmischung unter ständigem Rühren verquirlen, bis eine saubere, glatte, leicht angedickte Brühe entsteht
14. Kapern und Lauch hinzufügen und die Fleischbällchen wieder in die Brühe geben

Auf einen tiefen Teller mit ein paar Kartoffeln geben und mit frischen Kräutern deiner Wahl garnieren.

Spätzle sind unregelmäßig geformte längere oder kürzere Nudeln, die aus frischen Eiern und Mehl zu einem zähflüssigen, elastischen Teig verrührt werden, der dann direkt in kochendes Wasser getropft wird. Bei der traditionellen Zubereitung wird der klebrige, dicke Teig auf ein Spätzlebrett gestrichen und dann in das Kochwasser geschabt, sodass die Nudeln zwischen dünn und dick, länglich und kurz variieren. Alternativ dazu gibt es auch eine Spätzlepresse und einen Spätzlehobel. Spätzle (die schwäbische Verniedlichungsform von „Spatz") gibt es nicht nur in der süddeutschen und österreichischen Küche, sondern auch in der Schweiz, in Ungarn, Slowenien, im Elsass, an der Mosel und in Südtirol.

Serviert werden Spätzle häufig mit Gulasch, sauren Linsen, Rahmsauce und als pikante Allgäuer Kässpatzen mit karamellisierten Zwiebeln. Der Teig wird oft aus einer Mehlmischung hergestellt, zum Beispiel aus Weizen und Dinkel.

GULASCH MIT SPÄTZLE

Für 4 Personen

Gulasch
1 kg Rindfleisch (Stücke von Schulter oder Bein)*
3-4 mittelgroße Zwiebeln
1 EL Pflanzenöl
2 EL Tomatenmark
¼ l Rotwein
3-4 Lorbeerblätter
1-2 Thymianzweige
3-4 Wacholderbeeren
6-8 Knoblauchzehen
2 TL Paprika
1 große oder 2 mittelgroße Möhren
½ mittelgroße Selleriewurzel
1 rote Paprika
1 mittelgroße Zucchini

*Am besten kaufst du ein ganzes Stück Fleisch und schneidest es selber in Stücke. So kannst du sichergehen, dass es auch das Fleisch ist, das du möchtest.

Spätzle
400 g Dinkelmehl, Type 550
4 mittelgroße Eier
1 EL Salz
Ca. 225 ml kaltes Wasser
(mit oder ohne Kohlensäure)

Gulasch

1. Fleischstück kurz waschen, mit einem Papiertuch trocknen und in gleich große Würfel schneiden (ca. 3 x 3 x 3 cm*)
2. Sellerieknolle und Möhren schälen und in Stücke schneiden**, beiseitestellen
3. Zwiebeln und Knoblauch schälen und hacken
4. Öl in einem schweren Eisentopf*** erhitzen und das Fleisch von allen Seiten bräunen, mit Salz und Pfeffer würzen
5. Zwiebeln, Knoblauch, Karotten und Selleriewurzel hinzugeben, erneut würzen und weitere 5-7 Minuten anbraten Tomatenmark und Paprikagewürz zugeben, alles gut vermischen und auf mittelgroßer Hitze weitere 3-4 Minuten schmoren lassen
6. Paprika und Zucchini waschen, in Stücke schneiden und hinzugeben
7. Mit Rotwein ablöschen und mit Wasser auffüllen, bis Fleisch und Gemüse zu ¾ bedeckt sind
8. Wacholderbeeren, Thymian, Lorbeerblätter und Pfeffer hinzugeben
9. Zugedeckt bei niedriger Flamme 2 Stunden köcheln lassen oder, falls du einen gusseisernen Topf mit Deckel besitzt, im Backofen bei 180 °C garen
10. Beim Gulasch ab und zu kontrollieren, ob es genügend Flüssigkeit enthält. Wenn es zu trocken aussieht, mehr Wasser oder Rotwein zugeben
11. Das restliche Gemüse in die gewünschte Form und Größe schneiden und nach den ca. 2 Stunden zum Gulasch geben und weitere 15 Minuten kochen oder im Ofen garen lassen
12. Mit Salz und schwarzem Pfeffer abschmecken

Fortsetzung auf der nächsten Seite.

* Die Größe der Fleisch- und Gemüsestücke ist eine Frage des Geschmacks und der Darreichung. Ich persönlich liebe große Stücke in meinem Gulasch, vor allem Gemüse. Gulasch kocht etwa 2 Stunden oder länger, und das meiste Gemüse hat sich in der Zeit fast vollständig aufgelöst und ist Teil der Sauce geworden.

** Je größer das Gemüse geschnitten wird, desto wahrscheinlicher ist es, dass man später noch ein Stück Karotte oder Sellerieknolle findet.

*** Zum Backen braucht man einen gusseisernen Topf; ich persönlich bevorzuge den Backofen, da das Gericht auf diese Art noch besser schmeckt.

Spätzle

1. Mehl und Salz in eine große Schüssel geben und vermischen
2. Eier in einer separaten Schüssel aufschlagen und verquirlen
3. Mit einem elektrischen Mixer Mehl, Eier und Wasser mehrere Minuten lang verrühren, bis der Teig Blasen wirft und geschmeidig und elastisch wird (mehr Mehl hinzufügen, wenn der Teig zu flüssig ist; mehr Wasser, wenn er zu trocken ist). Der Teig sollte dickflüssig sein
4. In einem großen Topf Wasser und 1 EL Salz zum Kochen bringen
5. Auf einem großen, glatten Holzbrett eine gleichmäßige Schicht Teig auf die eine Hälfte des Bretts mit einem Spachtel oder Messer verteilen
6. Nun mit einem breiten Spatel schnell dünne Linien vom Teig direkt in das kochende Wasser kratzen (falls du das noch nie gemacht hast, schau ruhig bei YouTube nach)
7. Am besten machst du die Spätzle in mehreren Schüben anstatt den gesamten Teig auf einmal, denn du wirst wahrscheinlich nicht so schnell und geschickt sein wie eine süddeutsche Großmutter

8. Die Spätzle schwimmen an die Oberfläche, wenn sie fertig sind. Nun mit einem großen Sieb herausfischen und in eine Servierschüssel umfüllen. Du kannst die Servierschüssel zum Warmhalten der Spätzle immer wieder bei ca. 100 °C im Backofen zwischenlagern
9. Vor dem Servieren Butter hinzufügen

Spätzle servieren, solange sie noch heiß sind. Du kannst sie aber auch in einer Pfanne kurz mit Butter anbraten und dadurch wieder aufwärmen.

Bratwurst wird aus Schweine-, Rind- und manchmal auch aus Kalb- oder Lammfleisch hergestellt, gelegentlich kommt auch Wildschwein oder Hirsch zum Einsatz. Der Name Bratwurst leitet sich vom althochdeutschen Brätwurst ab, also von Brät, fein gehacktem Fleisch, und Wurst – obwohl er im modernen Deutsch oft mit dem Verb braten in Verbindung gebracht wird. Die Rezepte für Bratwurst variieren je nach Region; in einigen Quellen werden über 40 verschiedene Sorten aufgeführt. Am häufigsten wird die Bratwurst gegrillt und mit Senf, Ketchup oder Currysauce serviert, entweder als Snack im Brötchen oder mit gekochtem Kohl, Salat und/oder Kartoffeln und Saucen als Beilage.

Ich habe probiert, Wurst selber zu machen. Es hat geklappt! Auch du kannst das ohne Wurstmaschine schaffen: mit einem Spritzbeutel! Es gibt tolle Silikonbeutel, die nicht reißen. Für die Wurstherstellung braucht man allerdings eine sehr große Tülle. Därme kann man online bestellen, du kannst aber auch einen Metzger bitten, dir welche zu verkaufen.

BRATWURST MIT SELLERIE-KARTOFFELPÜREE UND SAUCE

Für ca. 8 Würste

400 g Fleisch vom Rind, Schwein, Lamm,
Wildschwein oder Hirsch
1 Brötchen
2 Zwiebeln
Wurstdarm
Frische Kräuter der Saison
2 Knoblauchzehen
1 Ei

Gewürze
Salz, Pfeffer, Fenchelsamen, Paprika, Senfkörner

Sauce
1 Handvoll frische Kräuter
1 kleine Zwiebel
2 Knoblauchzehen
1 EL Butter*
1 EL Weißmehl oder Speisestärke
Salz und Pfeffer

Sellerie-Kartoffelpüree
4-5 mittelgroße Kartoffeln
1 große Staudenselleriewurzel
2 EL Butter*
2 EL Milch*
1 Bund Petersilie
Salz und Pfeffer
½ TL Muskatnuss

*Für die milchfreie Version
Olivenöl anstelle von Butter und Hafer; Reis- oder Mandelmilch anstelle von Kuhmilch.

Bratwurst

1. Brötchen in Wasser einweichen (10-15 Minuten)
2. Kräuter waschen und zusammen mit Zwiebeln und Knoblauch so fein wie möglich hacken, die Hälfte für später beiseitestellen
3. Fleisch durch einen Fleischwolf drehen
4. Mit den Händen das Wasser aus dem Brötchen ausdrücken
5. Fleisch, Kräuter, Zwiebeln, Brötchen, Knoblauch, Gewürze und Ei in einer großen Schüssel gut vermischen (mit einer Gabel oder der Hand), mit Salz und Pfeffer würzen
6. Die Füllung in einen Spritzbeutel mit einer großen, nicht spitzen Tülle füllen
7. Die Innen- und Außenseite eines langen Darmstücks unter kaltem Wasser gut waschen und die oberste Öffnung mit dem Finger weiten

Fortsetzung auf der nächsten Seite.

8. Ziehe das geweitete Ende des Darms vorsichtig über den Aufsatz des Spritzbeutels, halte es gut mit den Fingern fest und beginne, die Füllung in die Hülle zu drücken (hierfür solltest du ein helfendes Paar Hände haben, denn es ist etwas schwierig, den Darm festzuhalten und gleichzeitig mit Kraft zu drücken)
9. Drücke nun so viel in die Hülle, wie du die Wurst lang haben möchtest
10. Mach einen Knoten an der Unterseite und drücke die Füllung nun bis zum Ende; fahr mit den Fingern vorsichtig und mit etwas Druck an der Wurst entlang, um alle Luftblasen zum offenen Ende hinauszudrücken. Mach dann einen Knoten so nah an der Füllung wie möglich
11. Wasch die Wurst und trockne sie mit einem Papiertuch ab. Voilà, fertig ist die Wurst
12. In einer großen Pfanne Öl erhitzen und die Wurst goldbraun anbraten, mit etwas Salz und nach Belieben mit Paprika oder Pfeffer würzen

Sauce

1. Würste aus der Pfanne nehmen und auf einen Teller legen
2. Etwas Wasser in die Pfanne geben und vorsichtig die angebratenen Aromen loskratzen (falls es große Stücke sind, kannst du die Flüssigkeit im Sieb filtern)
3. 1 EL Mehl mit 4 EL Wasser in einem Einmachglas vermischen
4. 2 EL Butter in die Pfanne zu der Flüssigkeit geben, die Hitze langsam erhöhen und unter Rühren nach und nach die Mehl-Wasser-Mischung zugeben (wenn die Sauce zu dick wird, noch etwas Wasser hinzufügen)
5. Mit Salz und Pfeffer würzen und die Hälfte des gehackten Knoblauchs, der Zwiebeln und der Kräuter, die du zuvor beiseitegestellt hast, hinzugeben
6. Zugedeckt ca. 5 Minuten köcheln lassen, abschmecken und nachwürzen
7. Würstchen zurück in die Pfanne mit der Sauce geben und zugedeckt auf kleiner Flamme warm halten, bis sie servierbereit sind

Sellerie-Kartoffelpüree

1. Kartoffeln und Sellerieknolle schälen und in große Stücke schneiden
2. In einem großen Topf beides zusammen mit etwas Salz weich kochen
3. Wasser abgießen
4. Butter oder Öl, Milch, Salz und Pfeffer zugeben und pürieren (achte darauf, dass das Püree nicht zu trocken ist; ansonsten mehr Butter oder Öl und Milch zugeben)

Du kannst Wurst je nach Laune mit diversem Fleisch, Kräutern, Gewürzen und zusätzlichem Gemüse füllen. Die Verwendung eines Spritzbeutels kann anfangs etwas knifflig sein und erfordert Übung und Geduld. Experimentiere einfach ein bisschen: Wie breit ist die Darmhülle, und wie leicht passt sie um die Spitze? Das Drücken der Fleischmasse in die Hülle erfordert etwas Kraft, daher empfehle ich dringend, einen Silikonbeutel zu verwenden, da dieser nicht reißen kann. Es ist wichtig, dass du keine großen Stücke egal von welcher Zutat in deiner Wurstmischung hast, da sie leicht die Spitze verstopfen oder weil die Hülle einreißen kann. Sei nicht frustriert, wenn deine erste Wurst seltsam aussieht oder beim Braten auseinanderfällt. Viel Spaß!

GEBACKENES HÄHNCHEN / GEBACKENER TRUTHAHN MIT WURZELGEMÜSE

Auch wenn wir in Deutschland vor allem für Schweine- oder Rindfleisch bekannt sind, essen wir auch Hähnchen, Ente, Gans und Pute. Hähnchen wird am liebsten gebacken, in der Pfanne gebraten oder gegrillt, wie man in fast jeder Stadt an Markttagen sehen kann. Ob die Bedingungen, unter der en Millionen von Hühnern aufgezogen werden, ethisch vertretbar sind, ist eine andere Frage. Zum Glück gibt es immer mehr Bio-, Freiland- und Zweinutzungshühner*, sodass der Verbraucher selbst die Wahl hat.

Brathähnchen heißen in Bayern und Österreich *Hendl*. In Deutschland gibt es auch eine eigene Version des *Coq au Vin*, des beschwipsten Hahns.

Da ich sehr gerne Geflügel esse, habe ich viele Jahre mit der Zubereitung von Huhn oder Truthahn experimentiert und festgestellt, dass ein Vogel umso besser schmeckt, je mehr und länger er mit Gewürzen und Ölen mariniert und mit saftigen Füllungen versehen wird. Ich habe die koschere Methode des Pökelns und Säuberns von Hühnern und Truthähnen übernommen, indem ich sie einfach 1-2 Tage lang in Salzwasser einlege, bevor ich sie koche.

Hier kannst du dich ordentlich mit Zutaten und Gewürzen austoben. Geflügelfleisch ist sehr nachsichtig, und du kannst leicht deine eigenen Gewürzmischungen und Füllungen erfinden. Im Herbst und Winter, besonders zu Thanksgiving, füge ich der Truthahn-Füllung gerne Pflaumen, Kastanien oder Feigen hinzu. Eine Brotfüllung würde ich nicht empfehlen: Sie trocknet den großen Vogel zu sehr aus.

*Hühner aus industriellen Großbetrieben werden entweder für die Eier- oder die Fleischproduktion gezüchtet. Legehühner verbrauchen den größten Teil ihrer Ressourcen für die Eierproduktion, während Fleischhühner (Masthähnchen) größer sind und sehr schnell wachsen, um innerhalb von nur 6 Wochen verarbeitet zu werden. Ein Zweinutzungshuhn ist eine Hühnerrasse, die zunächst eine rentable Menge an Eiern legt, aber immer noch groß genug ist, um ein Masthuhn zu sein.

Für ca. 4 Personen

Fleisch
1 Huhn, mindestens 1,2 kg
125 ml Olivenöl

Gemüse
5 mittelgroße Kartoffeln
6-8 Schalotten oder 2 süße Zwiebeln
2 Karotten
1 Fenchel
4 Goldene oder Rote Rüben*
1-2 Peperoncini (oder milde Chilischoten)
1-2 Zucchini oder 1 kleinen Kürbis

Gewürze
Salz, Pfeffer, Paprika, Fenchelpulver, Koriandersamen
Frische Kräuter nach Wahl: Thymian, Rosmarin, Kerbel, Oregano, Basilikum
2 EL Tomatenmark
3 EL Hummus
6-8 Knoblauchzehen

Wähle Gemüse, das seine Form beim Backen bewahren kann: Kleinere Möhren, Kartoffeln, Rote Bete und Schalotten oder süße Zwiebeln sind gut geeignet. Auch Fenchel, Zucchini, Kürbis und Blumenkohl sind lecker, sollten aber erst viel später im Garprozess hinzugefügt werden, damit sie nicht völlig auseinanderfallen.

Thanksgiving-Truthahn
(oder für andere Feiertage)

Für 8-10 Personen

1 Truthahn, 4-5 kg
Doppelte Menge aller vorher aufgeführten Gemüsesorten
1-2 kleine Äpfel oder 8-10 Europäische Wildäpfel oder Kirschäpfel
200 g Trockenfrüchte (z. B. Aprikosen, Pflaumen oder Feigen)
200 g Esskastanien
Gewürze wie Zimt, Sternanis und eventuell etwas Kakaopulver (100 % ohne Zucker)

24-48+ Stunden Vorbereitungszeit

Anmerkung:
Der Vorgang für mein gebratenes Hähnchen ist der gleiche wie für einen Feiertags-Truthahn. Die gelisteten Zutaten in diesem Rezept kannst du leicht für einen kleinen Truthahn (ca. 4-5 kg) übernehmen, indem du alle Mengen verdoppelst, die Garzeit fast verdreifachst und deine speziellen Eigenkreationen an Gewürzen und Beilagen hinzufügst. Ein Truthahn dieser Größe reicht für ca. 8 Personen.

1. Huhn oder Truthahn gründlich waschen und mit Papiertuch abtrocknen. Schneide überflüssige Fettpolster mit einer Küchenschere heraus, vornehmlich im Brust- und Halsbereich
2. Um das Huhn oder den Truthahn in Salzlake einzulegen, lege den Vogel in eine ausreichend große Schüssel oder einen sauberen Eimer, falls du einen großen Truthahn zubereitest. Füge dem Wasser 3 volle EL Salz für ein Huhn und 6 EL Salz für einen Truthahn zu.
3. 12-24+ Stunden ziehen lassen (das ist gleichzeitig eine gute Methode, um den Vogel vor dem Verderben zu bewahren, wenn du ihn nicht sofort, sondern erst einige Tage später zubereiten kannst)
4. Wenn du den Vogel gepökelt hast, aus der Lake nehmen, abspülen und leicht mit Salz einreiben
5. Huhn oder Truthahn auf ein tiefes Bratblech, in eine große Backschüssel oder einen Eisentopf legen
6. Kräuter waschen und hacken.
7. Trockene Gewürze in einem Mörser zerstoßen, geschälten Knoblauch, Olivenöl und eine Prise Salz hinzufügen und alles zu einer glatten Paste verrühren und in eine Schüssel geben

Fortsetzung auf der nächsten Seite.

8. Tomatenmark, Kräuter und Hummus hinzugeben und gut vermischen

9. Das gesamte Hähnchen oder den Truthahn innen und außen mit der Marinade einreiben, abdecken und weitere 24 Stunden ziehen lassen

10. Gemüse sortieren: eine Anhäufung mit dem Gemüse mit längerer Garzeit (Wurzelgemüse), eine zweite Anhäufung mit dem Gemüse mit kürzerer Garzeit (wie Kürbis, Zucchini, Blumenkohl, Fenchel)

11. Wurzelgemüse (längere Garzeit) waschen, schälen und in große Stücke schneiden

12. Gemüse (kürzere Garzeit) waschen und ¼ davon in kleine Stücke schneiden und in einer separaten Schüssel sammeln; dies wird für die Füllung verwendet. Die anderen ¾ beiseitestellen (diese können auch größer geschnitten sein)

13. Das Gemüse für die Füllung mit Salz, Pfeffer und einem Spritzer Zitrone würzen, 1 EL Olivenöl dazugeben, gut vermischen und den Vogel füllen (für einen Festtags-Truthahn oder einen süßen Geschmack kannst du Pflaumen, Äpfel, Aprikosen oder Feigen hinzufügen)

14. Die großen Wurzelgemüsestücke um das Huhn / den Truthahn herum anordnen

15. 200 ml Wasser hinzufügen

16. Mit Alufolie abdecken oder einen großen Eisentopf mit Deckel verwenden

17. Das Huhn 1 ½-2 Stunden bei 220 °C braten, den Truthahn der genannten Größe 4,5-5 Stunden

18. Darauf achten, dass sich immer etwas Flüssigkeit am Boden der Behälters befindet (wenn nicht, etwas Wasser hinzufügen) Nach der Backzeit die Hitze auf 180 °C reduzieren, die Alufolie (oder Deckel) entfernen und die restlichen ¾ Gemüse mit kürzerer Garzeit (Fenchel, Zucchini, Kürbis oder Blumenkohl usw.) ebenfalls um den Vogel herum platzieren und weitere 20-30 Minuten garen

19. Der Vogel sollte goldbraun sein (du kannst prüfen, ob er gar ist, indem du ein spitzes Messer in das Fleisch stichst: Wenn klare Flüssigkeit austritt, ist der Vogel gar und sehr zart und weich

Zusätzliche Anweisungen für einen Festtags-Truthahn

- Kastanien, Europäische Wildäpfel, (ganze) getrocknete Aprikosen oder Pflaumen in die Füllung geben
- Festtagsgewürze deiner Wahl in die Marinade geben
- Vogel mit Gemüse auf einer großen Servierplatte anrichten, mit frischen Kräutern deiner Wahl garnieren

Sauce

1. Geflügel und Gemüse vom Backblech (oder Topf) nehmen und auf einem anderen Backblech mit Alufolie abgedeckt und im noch heißen, aber ausgeschalteten Ofen warm stellen (oder bei ganz kleiner Hitze, falls dein Ofen schnell abkühlt)

2. Mit einem Holzlöffel den gesamten Bratensaft und die Reste am Boden des Backblechs oder Topfs abkratzen und die Flüssigkeit abseihen (wenn nicht viel Flüssigkeit vorhanden ist, zuerst etwas Wasser hinzufügen)

3. Zwiebel hacken und in einem mittelgroßen Topf in Butter anbraten

4. Flüssigkeit zugeben und abschmecken, mit Salz und Pfeffer nachwürzen

5. Jetzt kannst du kreativ werden und spezielle Gewürze oder Kakaopulver, mehr Rot- oder Weißwein oder auch Sahne hinzufügen

6. 1-2 EL Mehl (je nach Menge an Sauce, die du herstellen möchtest) mit warmem Wasser in einem Einmachglas mischen und gut schütteln

7. Die Sauce zum Kochen bringen und langsam das Mehl-Wasser-Gemisch einrühren, bis die Sauce einzudicken beginnt

8. Wenn sie dir nicht dick genug ist, füge mehr Mehl-Wasser-Gemisch hinzu; wenn sie zu dick ist, füge noch Wasser hinzu

9. Noch einmal richtig abschmecken, heiß in kleine Krüge oder Saucieren füllen und zum Hähnchen oder Truthahn servieren

AUS FLÜSSEN, SEEN UND DEM MEER
FISCHGERICHTE

Unsere nördlichen Küstenlinien entlang der Nord- und Ostsee und die zahlreichen Flüsse und Seen im ganzen Land bieten viel Lebensraum für eine Vielzahl von Fischen. Somit haben wir eine solide Fischindustrie und zahlreiche regional inspirierte Rezepte. Die kühlen Gewässer des Nordens sind Heimat schmackhafter Meeresbewohner, wobei der Hering zu den beliebtesten Fängen gehört. Ob roh, gebraten, eingelegt, geräuchert oder in Dosen konserviert: Hering findet man in Supermärkten, auf Bauernmärkten und in Restaurants. Der häufigste Süßwasserfisch ist die Forelle, gefolgt von Hecht, Karpfen, Saibling, Barsch und Aal.

Logischerweise essen Menschen in den nördlichen Küstenregionen mehr frischen Seefisch als im Inland. Besondere Delikatessen aus dem Norden sind z. B. Krabben oder Kieler Sprotten. Fischbrötchen sind im ganzen Land beliebt und oft frisch auf Wochenmärkten zu finden.

Ich bin mit Forellen aufgewachsen. Mein Vater hatte drei zusammenhängende Süßwasserteiche im Sauerland, einer Region in Westfalen. Als Kinder besuchten wir diese Teiche mehrmals in der Woche, meist am Ende eines langen Waldspaziergangs. Im Sommer halfen wir, die Wasseroberfläche von Algen zu befreien, damit sie die Rohre, die die Teiche mit dem angrenzenden Bach verbinden, nicht verstopften. Im Frühjahr sammelten wir Kaulquappen und versuchten, im Anschluss Frösche in Gläsern aufzuziehen, während wir im Winter darauf fokussiert waren, einen Blick auf die Forellen unter dem Eis zu erhaschen. Mein Vater züchtete Forellen hauptsächlich für unseren eigenen Verzehr. Wenn es zu viel Fisch für uns gab, wurden die Forellen mit Jägerfreunden gegen Wildbret, Wildschwein, Hase oder Fasan getauscht.

Bei uns zu Hause wurden Forellen in der Pfanne gebraten (Forelle Müllerin-Art), gekocht (Forelle blau) oder geräuchert.

Kabeljau ist ein Meeresfisch, der in Teilen des Nordatlantiks, der nördlichen Polarmeere und der Ostsee lebt. Er ist überall in aller Welt beliebt und stellt mit 30 Prozent aller gefangenen Fische eine tragende Säule der Fischereiindustrie dar. Wie du dir vorstellen kannst, führt dieser Massenkonsum jedoch dazu, dass die Kabeljaubestände durch Überfischung stark gefährdet sind.

Kabeljau wird frisch oder getrocknet (Stockfisch) verkauft. Bei uns ist er vor allem als panierte Fischstäbchen bekannt. Skrei ist ein Winterkabeljau von den Lofoten in Norwegen. Dieser Fisch ist fest, aber zart, fettarm und sehr aromatisch. Er ist von Januar bis März erhältlich und wird oft in Weißwein- oder Sahnesauce zubereitet. Dieses Rezept ist inspiriert von dem traditionellen Rezept für gekochten Fisch (Kochfisch). Ich serviere diesen Eintopf in einem großen, schweren Topf oder als Terrine.

KABELJAU (SKREI) IN WEISSWEIN-MEERRETTICH-SAUCE MIT SAISONGEMÜSE

Für 6 Personen

2 kg Kabeljau (dicke Stücke)
750 g Kartoffeln
5-6 Frühlingszwiebeln
3-4 Knoblauchzehen
¼ Sellerieknolle
½ Stange Lauch
500 g Gemüse der Saison nach Wahl*
50 g Meerrettich (frisch gerieben oder als Paste)
2 EL Olivenöl
750 ml Weißwein
Frische Kräuter (Dill oder Kerbel)
Salz und Pfeffer

*Empfehlung
Saubohnen, Erbsen, Blumenkohl oder Romanesco,
Zucchini, gelber Kürbis, Karotten.

1. Kartoffeln kurz waschen, mit Schale kochen, abkühlen lassen, pellen und beiseitestellen
2. Schalotten, Knoblauch und Sellerieknolle schälen und fein hacken
3. Lauch gut waschen und in dünne Scheiben schneiden
4. Blumenkohl oder Romanesco in kleine Knospen brechen
5. Erbsen und/oder Saubohnen* aus den Hülsen lösen, beiseitestellen
6. Gemüse wie Zucchini, Karotten, Kürbis waschen und in kleine Stücke schneiden
7. Alle Zutaten in verschiedenen Schüsseln anrichten und bereitstellen
8. Den Fisch säubern: Kabeljau waschen und abtrocknen; alle großen Gräten mit einer Pinzette entfernen, indem du vorsichtig mit den Fingern am Fleisch entlangfährst und sie herauspulst (normalerweise befinden sie sich auf einer Seite)
9. Butter oder Öl in einem großen gusseisernen Topf erhitzen und die Schalotten mit dem Knoblauch anschwitzen Sellerie, Knoblauch und Gemüse wie Kürbis, Möhren oder Fenchel dazugeben, mit Pfeffer und Salz würzen und auf kleiner Flamme ca. 5-7 Minuten sautieren
10. Mit Weißwein ablöschen und Meerrettich hinzufügen (frischen Meerrettich sehr fein reiben)
11. Nun Gemüse wir Blumenkohl, Romanesco, Erbsen oder Saubohnen* und den Fisch hinzugeben und zugedeckt ca. 15-20 Minuten köcheln lassen
12. Gekochte Kartoffeln und Erbsen oder Saubohnen zugeben und nochmals 5 Minuten köcheln lassen
13. Würzung abschmecken und ggf. korrigieren

* Frische Saubohnen erst ca. 7 Minuten in Salzwasser kochen, dann abgießen, abkühlen lassen und von der Schale entfernen. Es ist eine mühselige Arbeit, die sich aber lohnt, denn die geschälten Bohnen mit ihrem wunderbaren Geschmack zergehen auf der Zunge.

In tiefen Suppentellern servieren und mit frischen Kräutern bestreuen.

Bei der Zubereitung von Forelle Müllerin-Art wird die Haut des Fisches mit Mehl paniert und anschließend in viel Butter gebraten. Ein traditionelles und weitverbreitetes Gericht, das in vielen deutschen, schweizerischen und österreichischen Restaurants angeboten wird.

FORELLE MÜLLERIN-ART MIT KARTOFFELN UND GURKENSALAT

Für 2 Personen

2 frische Forellen
½ kg Kartoffeln
125 g Butter
4-5 EL Mehl
1 Zitrone
Salz und Pfeffer
Einige Stängel Dill
1 Schalotte
3 EL Oliven- oder Pflanzenöl
1 EL Weißweinessig

Gurkensalat
(s. Seite 121)

Vorbereitung

1. Gurkensalat zubereiten
2. Kartoffeln schälen und halbieren; einen Topf mit so viel Wasser füllen, dass die Kartoffeln ausreichend bedeckt sind. 1 TL Salz hinzufügen und vorerst beiseitestellen
3. Forellen reinigen: innen und außen gründlich waschen, dann im Waschbecken oder auf einer mit altem Zeitungspapier ausgelegten Arbeitsfläche mit einem kleinen scharfen Messer die Fischschuppen abkratzen. Nochmals abspülen und mit Küchenpapier trocknen
4. Forellen innen mit Salz und einem Spritzer Zitronensaft bestreuen und auf einen Teller legen
5. Kartoffeln kochen (sie können gleichzeitig mit dem Braten des Fisches gekocht werden)

Fisch panieren

1. Auf einen großen Teller oder eine Platte eine dicke Schicht Mehl streuen
2. Jede Forelle beidseitig in die Mehlschicht tauchen; den Fisch leicht andrücken, damit das Mehl wirklich klebt, danach beiseitestellen

Fisch braten

1. Eine große Bratpfanne verwenden, in die beide Fische der Länge nach hineinpassen
2. 2 volle EL Butter auslassen und den Fisch anbraten (die Hitze sollte nicht zu hoch sein, damit die Haut nicht verbrennt, aber hoch genug, um goldbraun zu werden), mit Salz würzen
3. Mit einem Esslöffel die heiße Butter in der Pfanne auf die Forelle schöpfen, dies mehrmals wiederholen
4. Jede Seite goldbraun braten (am besten zwei große Pfannenwender zum Wenden benutzen)
5. Wenn beide Seiten goldbraun sind, die Pfanne abdecken und auf kleiner Flamme warm halten (falls du noch Butter übrig hast, kannst du sie in die Pfanne geben und schmelzen lassen)
6. Kartoffeln abgießen und mit den Forellen und Gurkensalat servieren

Die leckere braune Butter aus der Pfanne kannst du entweder in einer separaten Sauciere servieren oder, falls du Teller anrichtest, über Fisch und Kartoffeln träufeln. Mit frischen Kräutern der Saison garnieren.

Scholle ist ein Plattfisch, der auf dem sandigen Meeresboden der europäischen Kontinentalplatte lebt, welche geografisch von der Barentssee bis zum Mittelmeer reicht. Die europäische Scholle zeichnet sich durch ihre braune Haut aus, die mit charakteristischen roten Flecken und einem Knochenrücken hinter den Augen gesprenkelt ist.

Scholle wird seit Jahrhunderten in der Nordsee gefischt und viel in Norddeutschland und Dänemark gegessen. Filetierte, panierte und in der Pfanne gebratene Scholle wird zusammen mit Remoulade und/oder Zitrone, Kartoffeln und Salat serviert. Frische Scholle kann auch im Ofen gebacken werden.

GEBACKENE SCHOLLE AUF FENCHEL MIT KRÄUTERKARTOFFELN UND GRÜNEM SALAT

Für 2 Personen

2 Schollenfilets
2 Fenchelknollen
500 g junge Sommerkartoffeln
3-4 Schalotten
3-4 Knoblauchzehen
1 gemischtes Bündel Petersilie, Dill und Schnittlauch
Frischer grüner Salat

Dressing
Saft von ½ Zitrone
1 EL Weißweinessig
3 EL Olivenöl
Salz und Pfeffer

1. Kartoffeln kurz waschen, mit Schale kochen, abkühlen lassen, pellen und im Kochtopf für später beiseitestellen
2. Backofen auf 200 °C vorheizen
3. Fenchelknollen waschen, der Länge nach vierteln und den inneren Strunk entfernen
4. Schalotten und Knoblauch schälen, ganz lassen
5. Fenchel auf ein Bratblech legen, mit Olivenöl beträufeln, salzen, pfeffern
6. Ca. 15 Min. braten, dabei 1-2 Mal wenden
7. In der Zwischenzeit Scholle waschen und mit Salz bestreuen
8. Kräuter waschen, hacken und mit den Kartoffeln in den Topf geben
9. Blattsalat waschen und Dressing anrühren
10. Schalotten und Knoblauch zum Fenchel geben, Scholle darüberlegen und ca. 20-25 Minuten backen
11. Olivenöl mit Salz und Pfeffer zu den Kartoffeln geben, Topf wieder erhitzen und leicht schütteln
12. Salat fertigstellen

Scholle auf einem Bett von Fenchelgemüse mit Salat und Kartoffeln als Beilage servieren.

Rote Grütze mit Muscovado-Vanillepudding, s. Seite 181.

NACHTISCH
PUDDINGS, FRÜCHTE UND KOMPOTT

Nachtisch wird je nach Familientradition, religiösem Brauch und regionalen Unterschieden auf ganz unterschiedliche Arten serviert.

Anders als z. B. in den USA werden bei uns Kuchen, Torten und Gebäck zu Kaffee und Kuchen meist am Nachmittag gegessen und weniger als süße Nachspeise nach dem Hauptgang. Möglicherweise genießen manche Leute auch zum Nachtisch gerne ein großes Stück Kuchen oder Torte – in meiner Familie jedenfalls war es nicht üblich. In meiner Kindheit aßen wir an Wochentagen im Sommer gewöhnlich Joghurt oder Quark mit Schlagsahne und frischem Obst zum Nachtisch, und im Winter gab es oft gekauften Joghurt mit Vanille- oder Schokoladengeschmack. Sonntags wurde dann mal ein „richtiger" Nachtisch zubereitet, meist ein Vanille-, Karamell- oder Rotweinpudding mit einer Dr.-Oetker-Mischung.

Im Frühjahr kochte meine Mutter Rhabarber mit Zucker, den wir mit Joghurt aßen. Im Sommer gab es rote Grütze mit Vanillepudding, Vanilleeis, Obstsalat oder die eingemachten gelben Kirschen vom Baum meiner Großmutter. Im August waren Blaubeerpfannkuchen ein besonderer Leckerbissen, immer mit den kleinen Waldheidelbeeren gemacht. Diesen aßen wir meist als Hauptmahlzeit, ganz ohne Nachtisch.

Sorbets und Eis mit Früchten, Mousse au Chocolat oder Pudding sind typische Desserts, die in deutschen Restaurants serviert werden. In bayerisch-österreichischen Restaurants findet man Apfelstrudel mit Vanillesauce sowie Kaiserschmarrn auf der Speisekarte.

Pudding kann entweder eine Nachspeise oder auch ein herzhaftes Gericht sein. Das Wort Pudding stammt vom französischen Wort *boudin* ab, das sich vom lateinischen *botellus* (kleine Wurst) ableitet und auf umhülltes Fleisch bezieht, das in mittelalterlichen europäischen Puddings verwendet wurde.

Der süße Pudding in Deutschland stammt höchstwahrscheinlich vom britischen *flummery* ab, ursprünglich eine Art Porridge. Ein Flammeri ist eine kalte, süße Nachspeise und wird heutzutage mit Gelatine oder Stärke gekocht, um ihn zu binden und zu verdicken.

SCHOKOLADENPUDDING

Für 4 Personen

150 g 100 % dunkle Schokolade*, ungesüßt
400 ml Milch*
1 EL reines, ungesüßtes Kakaopulver
½ Vanilleschote oder 15 g Vanillepulver
30 g Speisestärke
60 g brauner Zucker
¼ l Schlagsahne*

*Je besser die Qualität der Schokolade, desto besser und feiner der Geschmack des Puddings.

*Vegane Version
Hafer- oder Mandelmilch anstelle von Milch; keine Sahne verwenden.

1. Zucker, Speisestärke und Kakaopulver in einer Schüssel verrühren, beiseitestellen
2. Schokolade, Milch und Vanilleschote (längs aufgeschnitten) in einen Kochtopf geben und die Schokolade bei schwacher Hitze unter ständigem Rühren schmelzen lassen
3. Langsam zum Kochen bringen
4. Zucker, Speisestärke und Kakaopulver nach und nach hinzugeben, dabei ständig rühren, bis eine glatte, klumpenfreie Masse entsteht. Dieser Prozess geht sehr schnell, denn der Pudding muss nur ca. 1-2 Minuten köcheln, bis er eindickt. Sofort vom Herd nehmen und in eine hitzebeständige Porzellan- oder Glasschüssel umfüllen
5. Ca. 30 Minuten abkühlen lassen
6. Sahne aufschlagen
7. Die Hälfte der Sahne verwenden vorsichtig unter den abgekühlten Schokoladenpudding heben. !Wenn du die Sahne unterrührst, während der Pudding noch heiß ist, schmilzt die Sahne, und du hast eine flüssige Masse; stell also sicher, dass der Pudding nur noch lauwarm ist
8. Zum Abkühlen in den Kühlschrank stellen und fest werden lassen

Verteile zum Schluss die andere Hälfte der Schlagsahne über dem Pudding.

! Vorsicht: Pudding muss immer sorgfältig und ständig gerührt werden, damit weder der Pudding noch du selbst anbrennst.

Rhabarber ist eine mehrjährige Staude, die aus kurzen, dicken Rhizomen wächst und perfekt für das deutsche Klima geeignet ist. Die großen, etwas dreieckigen Blätter enthalten Oxalsäure und treiben an langen, fleischigen, essbaren Stängeln aus. Die rohen Blattstiele sind knackig (wie Sellerie) und schmecken stark säuerlich. Rhabarber ist keine echte Frucht, wird aber in der Küche so zubereitet, als ob er eine wäre. Meistens werden die Stängel mit Zucker gekocht und in Kuchen, Streuseln und anderen Desserts verwendet.

RHABARBER-SOUFFLÉ

Für 4 Soufflés

3 mittelgroße Eier
4-5 Stängel Rhabarber
¼ TL Vanille
85 g plus 1 EL weißer Zucker
1 ½ EL Butter
Zusätzlicher weißer Zucker für die Soufflé-Formen
1 Prise Salz
Puderzucker

1. Backofen auf 190 °C vorheizen
2. Butter aus dem Kühlschrank nehmen und bei Raumtemperatur weich werden lassen
3. Rhabarberstangen schälen und in 3-4 cm lange Stücke schneiden
4. Rhabarber in einem Topf mit 2 EL Wasser, 45 g Zucker und Vanille zugedeckt bei schwacher Hitze langsam köcheln, bis alle Stangen weich sind; beiseitestellen
5. Soufflé-Formen sorgfältig buttern und mit Zucker bestreuen, in den Kühlschrank stellen
6. Eier trennen
7. Eigelb und die restlichen 40 g Zucker mit dem Handrührgerät verrühren, bis die Masse dickflüssig wird und eine helle Farbe annimmt; Schneebesen reinigen
8. In einer separaten Schüssel mit hohem Rand das Eiweiß steif, aber nicht zu trocken schlagen, eine Prise Salz und 1 EL Zucker zugeben
9. ⅓ des Eischnees zur Eigelbmasse geben und mit dem Schneebesen schlagen
10. Den restlichen Eischnee vorsichtig mit einem Spatel unterheben
11. ⅓ jeder Auflaufform mit Rhabarber füllen, mit der Eimasse bedecken
12. Die Oberfläche mit einem Messer glatt streichen und etwas mit Puderzucker bestreuen
13. Die Formen auf ein Backblech stellen und ca. 8 Minuten backen, bis sie gut aufgegangen sind
14. Sofort servieren und verzehren

Pfannkuchen werden überall auf der Welt gebacken. Manche sind dick, manche dünn, manche werden mit Weizenmehl, andere mit Buchweizen-, Mais- oder Kokosmehl gebacken. Im Grunde genommen ist es eine Mischung aus Eiern, Mehl und Milch, die in einer Pfanne gebacken wird. Pfannkuchen gehören zu den ersten Dingen, die mir meine Mutter beigebracht hat, also habe ich dieses Rezept natürlich von ihr übernommen. Bei uns sind Pfannkuchen meistens dick und groß, entweder mit Puderzucker bestreut oder werden mit Äpfeln oder Heidelbeeren gebacken.

PFANNKUCHEN

Für 1 Pfannkuchen

3 EL feines Weizenmehl*
1 EL Zucker
1 Ei*
2 EL Milch*
1 EL kohlensäurehaltiges Wasser
Sonnenblumenöl
Äpfel, Birnen, Heidelbeeren oder andere Früchte

*Vegane Version
Ei durch 1 reife zerdrückte Banane und Milch durch Hafer-, Reis- oder Mandelmilch ersetzen.

*Glutenfreie Version
Buchweizenmehl verwenden

Einfacher Pfannkuchen

1. Ei (oder zerdrückte Banane) und Zucker verrühren und langsam Mehl, Milch und Wasser hinzufügen
2. Verquirlen, bis ein glatter, flüssiger Teig entsteht
3. Öl in einer Pfanne erhitzen (die Größe der Pfanne hängt davon ab, ob du einen großen oder kleinen oder mehrere kleine Pfannkuchen nebeneinander backen möchtest)
4. Teig hineingeben und auf jeder Seite goldbraun braten, auf einen Teller geben und mit Zucker bestreuen

Obstpfannkuchen

1. Teig wie oben beschrieben zubereiten
2. Das verwendete Obst vorbereiten (Beeren, Äpfel oder Birnen waschen und abtropfen lassen, schälen, vierteln, entkernen und in dünne Scheiben schneiden), beiseitestellen
3. Eine große Pfanne mit Öl erhitzen
4. ²/₃ Pfannkuchenteig hineingeben, ¹/₃ beiseitestellen
5. Die in Scheiben geschnittenen Äpfel oder Birnen, Blaubeeren oder anderes Obst hinzugeben
6. Rest des Teigs über das Obst gießen ca. 4-6 Minuten bei mittlerer Hitze backen lassen
7. Den Pfannkuchen auf einen großen Deckel stürzen und dann schnell mit der ungebackenen Seite nach unten zurück in die Pfanne fallen lassen
8. Auf dieser Seite weitere 2-4 Minuten backen
9. Mit Zucker bestreuen

Der Kaiserschmarrn ist ein dicker Pfannkuchen, der in kleine Stücke geschnitten wird. Seinen Namen hat er vom österreichischen Kaiser Franz Joseph I., der diesen fluffigen, mundgerechten Pfannkuchen als Nachtisch geliebt haben soll. Kaiserschmarrn ist in Österreich, Bayern und Teilen des ehemaligen Habsburgerreiches sehr beliebt.

Kaiserschmarrn wird aus einem süßen Teig aus Mehl, Eiern, Zucker, Salz und Milch mit in Rum getränkten Rosinen hergestellt. Das Eiweiß wird in der Regel von den Dottern getrennt und steif geschlagen, dann werden Mehl und Dotter mit Zucker vermischt, bevor die anderen Zutaten hinzugefügt werden. Variationen mit Nüssen, Kirschen, Pflaumen, Apfelmarmelade, gewürfelten Äpfeln, karamellisierten Rosinen oder gehackten Mandeln sind nicht im Originalrezept enthalten, können aber je nach persönlichen Vorlieben hinzugefügt werden. Der Pfannkuchen wird während des Bratens in Stücke geschnitten, mit Puderzucker bestreut und mit Obstkompott serviert. Der Kaiserschmarrn wird als Dessert gegessen, häufig auch als Hauptgericht, da er sehr üppig und sättigend ist.

KAISERSCHMARRN

Für 4 Personen

200 g Mehl*
30 g Zucker
5 mittelgroße Eier
40 g Butter
1 Prise Salz
200 ml Milch
80 g Rosinen
40 ml Rum oder Cognac
Puderzucker
Butter oder Pflanzenöl zum Braten

*Vegane Version
Eier durch 1 reife zerdrückte Banane ersetzen,
Milch durch Hafer-, Reis- oder Mandelmilch

*Glutenfreie Version
Buchweizenmehl verwenden

1. Rosinen 20-30 Minuten in Rum oder Cognac einweichen
2. Butter in einem kleinen Topf zerlassen
3. Eier trennen
4. Eigelb mit Zucker und Salz in einer Schüssel verrühren
5. Abwechselnd Mehl sieben und Milch einrieseln lassen, dann langsam die Butter unter ständigem Rühren zugeben (im österreichischen Original-rezept wird der Teig bis zu 20 Minuten geschlagen, bevor der Eischnee untergehoben wird)
6. Eiklar steif schlagen und vorsichtig unterheben
7. Rosinen abseihen und unter den Teig heben
8. Öl oder Butter in einer großen Pfanne erhitzen und den gesamten Pfannkuchenteig hineingießen
9. Die Hitze etwas reduzieren und den Boden goldgelb backen (zur Kontrolle immer eine Ecke anheben)
10. In der Pfanne in Viertel schneiden, umdrehen und goldbraun backen
11. Nun die Viertel in mundgerechte Stücke schneiden
12. Mit 1 EL Zucker bestreuen und karamellisieren lassen
13. Auf eine Servierplatte geben und mit Puderzucker bestreuen

Mit in Wein pochierten Pflaumen oder Birnen (s. Seite 180) oder Obstkonfitüre und Schlagsahne servieren.

Pflaumen eignen sich wunderbar, um ein Aroma aus Zimt, Vanille, Anis, Nelken oder Kardamom anzunehmen. Vielleicht ist es die Textur, die all diese exotischen Aromen aufsaugt. Die Früchte werden in Rotwein mit den Gewürzen und Zucker gekocht und verleihen ihnen einen köstlichen Geschmack.

Gewürzpflaumen sind nicht nur ein wunderbares Dessert, sondern auch eine leckere Beilage zu Fleischgerichten, insbesondere zu Truthahn, Wildschwein oder Hirsch.

GEWÜRZPFLAUMEN IN ROTWEIN

Für 4 Personen

700 g Pflaumen*
500 ml Rotwein
1-2 Zimtstangen
1 Sternanis
2 Nelken
¼ TL Kardamomsamen
¼ TL schwarze Pfefferkörner
¼ TL Ingwer (Pulver oder fein gehackt)
Prise Salz
3-4 Pimentkörner

Optional
50 g brauner Zucker (Pflaumen vorher probieren, da sie vielleicht schon süß genug sind)

*Kann auch mit Birnen zubereitet werden.

1. Pflaumen waschen und längs aufschneiden, um sie zu entkernen; im Kochtopf sammeln
2. Rotwein mit allen Gewürzen (und Zucker) zugeben und langsam zum Kochen bringen
3. Zugedeckt bei schwacher Hitze ca. 10 Minuten köcheln lassen
4. Pflaumen prüfen: Sie sollten weich sein, aber nicht auseinanderfallen
5. In eine Servierschüssel umfüllen und mindestens 1 Stunde ziehen lassen (wenn du sie warm servieren möchtest, nochmals kurz vorm Servieren erhitzen)

Mit Vanilleeis servieren.

Um die Pflaumen einzukochen, heiß in saubere Gläser füllen (s. Seite 202).

Im Sommer gibt es oft reichlich Johannisbeeren, Kirschen, Erdbeeren und Himbeeren. Wenn die Ernte gut ausfällt, werden sie auf den Bauernmärkten zu niedrigen Preisen angeboten. Beeren aller Art werden in großen Mengen roh verzehrt, in Kuchen und Desserts oder zu Marmeladen und Gelees verarbeitet. Als rote Grütze kennt man mit Zucker und Stärke gekochte Beeren, die über Vanillepudding, Weizencreme, Schlagsahne oder Eiscreme serviert werden. Die Zubereitung ist eine gute Möglichkeit, Obst zu verwerten, das beim Transport oder bei der Lagerung leicht beschädigt wurde. Die rote Grütze ist ein Fruchtdessert aus Norddeutschland und Skandinavien. Ein ähnliches Gericht namens *Kissel* gibt es auch in Osteuropa.

ROTE GRÜTZE MIT MUSCOVADO-VANILLEPUDDING

Für 4 Personen

Beerenkompott
700 g gemischte rote Sommerbeeren*
Wasser
1 EL Speisestärke
75 g Zucker
1-2 Spritzer Zitronensaft

*In beliebiger Kombination: Himbeeren, Erdbeeren, Kirschen, Sauerkirschen, rote Johannisbeeren.

Vanillepudding
500 ml Milch*
1 Eigelb
50 g Muscovadozucker
25 g Speisestärke
½ Vanilleschote
200 ml Schlagsahne*

***Vegane Version**
Hafer- oder Mandelmilch und 40 g Speisestärke verwenden, Ei ersetzen, Schlagsahne weglassen oder vegane Alternative verwenden.

Vanillepudding

1. 470 ml Milch und Eigelb in den Topf geben
2. In einer Extra-Schüssel Speisestärke mit 30 ml Milch verquirlen, beiseitestellen
3. Vanilleschote der Länge nach halbieren, das Mark herauskratzen und in die Milch geben, die restliche ausgekratzte Vanilleschote ebenfalls in die Milch geben (du kannst die andere Hälfte der Vanilleschote auch in ein Zuckerglas stecken und somit wunderbar aromatisierten Vanillezucker herstellen, denn das meiste Vanillearoma steckt in der Schale, nicht in den Samen)
4. Muscovadozucker hinzufügen, ständig rühren und die Milch langsam zum Kochen bringen
5. Die Stärkemischung zu der Milch geben, weiterrühren und köcheln lassen, bis sie eingedickt ist
6. Vom Herd nehmen, in hitzebeständige Gläser umfüllen und abkühlen lassen

Falls du Schlagsahne magst, kannst du sie entweder geschlagen unter den fast kalten Pudding mischen oder separat dazu reichen.

Kompott

1. Beeren waschen und je nach Sorte entstielen oder entkernen
2. 2 EL Wasser, Zucker und Beeren in den Kochtopf geben, langsam zum Kochen bringen, gelegentlich umrühren, zudecken und 5 Minuten köcheln lassen
3. 2 EL Wasser in ein kleines Einmachglas geben, 1 EL Speisestärke hinzufügen und umrühren, dann zu den Früchten geben und noch einmal für 1-2 Minuten aufkochen
4. Den Herd ausschalten und die Masse in Gläser oder eine Glasschüssel füllen und abkühlen lassen

APFELSTRUDEL

Apfelstrudel ist eine traditionelle Wiener Mehlspeise, die auch hierzulande sehr beliebt ist. Der Name Strudel leitet sich wahrscheinlich vom mittelhochdeutschen „Strudel" bzw. „Wirbel" ab, da die aufgeschnittenen runden Stücke des Gebäcks wie Kreise in einem Strudel aussehen. Der Strudel wurde im 18. Jahrhundert im Habsburgerreich sehr populär. Damals handelte es sich um eine Art süßes oder herzhaftes gefülltes Gebäck. Apfelstrudel ist in der Regel mit Äpfeln, Rosinen, manchmal auch mit Semmelbröseln, Rum und Vanille gefüllt. Moderne Rezepte unterscheiden sich regional, manche verwenden Filoteig, Quark- oder Hefeteig. Er wird warm oder kalt serviert, mit Puderzucker bestreut, in einem See aus Vanillesauce schwimmend, mit Vanilleeis oder mit Schlagsahne gekrönt. Ein bayerische Verwandter, der Milchrahmstrudel, wird in einem schweren Topf oder einer Auflaufform gebacken und mit Milch angereichert, sodass sich der Strudel während des Backvorgangs vollsaugt.

Man vermutet, dass sich der Strudel von Ägypten, Palästina und Syrien bis in die Türkei ausbreitete. Von dort aus gelangten nach der Eroberung Konstantinopels Rezepte über den Balkan nach Wien.

Teig
3 EL Pflanzenöl
200 g weißes Kuchenmehl
1 Ei*
1 Prise Salz
Lauwarmes Wasser

Füllung
1 ½ kg feste Äpfel (säuerlich, z. B. Boskop)
100 g Rosinen
3 EL Rum (oder Cognac)
125 g Butter*
Vanilleschote
40 g Zucker
1 Zitrone (Bio)
¼ TL Zimt

Puderzucker
200 ml Schlagsahne (alternativ: Vanilleeis*)

*Vegane Version
Verwende im Teig statt dem Ei 1 ½ EL hochwertiges und wohlschmeckendes Nussöl. Für die Füllung nimmst du anstelle von Butter ebenfalls Nussöl. Mit Mandel- oder Sojaeis servieren.

1. Backofen auf 180 °C vorheizen
2. Rosinen in Rum einweichen
3. Mehl auf einer flachen, sauberen Oberfläche zu einem Hügel aufschütten und oben eine Vertiefung formen, das Ei hineingeben und mit den Fingern grob mit dem Mehl vermischen (wenn du keine große Fläche zum Kneten zur Verfügung hast, benutze eine große Rührschüssel)
4. Salz und Öl hinzugeben und langsam, nach und nach, warmes Wasser hinzufügen, aber nur so viel, dass der Teig glatt und elastisch wird; wenn er zu klebrig ist, etwas mehr Mehl verwenden
5. 30 Minuten ruhen lassen
6. Äpfel waschen, schälen und entkernen, in dünne Scheiben schneiden und in eine große Schüssel geben
7. Rosinen abseihen und mit Zucker, Vanille und Zimt zu den Äpfeln geben
8. Zitrone waschen, schälen und auspressen, zu den Äpfeln geben und alles vorsichtig vermengen
9. Butter auslassen
10. Eine saubere Fläche mit Mehl bestäuben und den Teig zu einem großen, sehr dünnen ovalen Rechteck ausrollen (du kannst den Teig mit den Händen hochheben und dir von der Gravitation helfen lassen und vorsichtig ziehen, sodass er so groß wie möglich wird, ohne zu reißen)
11. Die nun sehr dünne und große Teigschicht vorsichtig auf ein sauberes, großes, mit Mehl bestäubtes Küchentuch (s. Seite 202) legen
12. Die Oberfläche mit Butter (oder alternativ: Öl) bestreichen
13. Apfelmischung gleichmäßig verteilen, dabei an den Rändern etwa 2 ½ cm frei lassen
14. Die Teigränder über die Äpfel klappen und dann mithilfe des Handtuchs vorsichtig zu einem Strudel aufrollen, indem du das untere Ende des Handtuchs immer wieder ein Stück zu dir hinziehst und über den Teig faltest, bis du eine Rolle hast
15. Die offene Falte mit Butter oder Öl bestreichen und leicht andrücken
16. Nun den Strudel vorsichtig vom Handtuch auf ein Backblech schieben
17. Die Außenseite mit Butter (oder alternativ: Öl) bestreichen und 45-50 Minuten backen
18. Den Strudel während des Backvorgangs 1-2 Mal erneut mit Butter/Öl bestreichen
19. Wenn der Strudel goldbraun und knusprig geworden ist, aus dem Ofen nehmen, etwas abkühlen lassen und mit Puderzucker bestäuben

Mit Schlagsahne oder Vanilleeis servieren.

KAFFEE & KUCHEN
HAST DU SCHON GEHÖRT?

Die Briten haben ihre Teestunde (*tea time*), wir haben Kaffee und Kuchen. Für mich als Kind war diese Kaffeerunde eine Art Familientreffen, das meist sonntags und an Feiertagen stattfand. Meine Mutter lud zudem regelmäßig ihre Freundinnen zum Kaffeeklatsch ein. Diese Kaffeeklatsch-Zeit diente dem Genuss von Leckereien, aber vor allem dem Austausch von Neuigkeiten und war immer eine gute Ausrede für Hausfrauen, sich an einem Nachmittag in der Woche zu treffen.

Kuchen und Torten gibt es in Hülle und Fülle mit klar definierten Unterscheidungen zwischen Kuchen, Gebäck und Torten. Zertifizierte Tortenbäcker absolvieren eine strenge mehrjährige Ausbildung, ein Beruf, der heutzutage kaum noch gelernt wird. Torten, wie wir sie vor 50 Jahren kannten, scheinen auf dem Rückzug zu sein, bestimmt auch aus dem Grund, weil sie so schwer und mit Sahne und Likör gefüllt sind.

Der Trend geht heute zu leichteren Torten mit frischem Obst und ohne Alkohol, sodass man sie auch Kindern servieren kann. Ursprünglich bezeichnete der Begriff Torte ein gefülltes *vol-au-vent*, eine Blätterteigpastete mit herzhafter Füllung; Ähnliches gilt für das italienische Wort *torta*. Das älteste überlieferte Rezept für eine süße Variante ist die Linzer Torte aus Österreich. Viele traditionelle deutsche Torten haben eine Basis aus Sahne und Schokolade, wobei die meisten Rezepte aus dem 19. und 20. Jahrhundert stammen.

Kuchen ändern sich mit den Jahreszeiten und lassen sich in Formkuchen oder Blechkuchen einteilen. Im späten Frühling und Sommer findet man in jeder Bäckerei versunkene Obstkuchen, geschichtete Obstbiskuitkuchen und belegte Obstblechkuchen. Im Laufe der Saison wechselt das Obst, beginnend mit Rhabarber und Erdbeeren im Frühjahr, Kirschen, Aprikosen und Pfirsichen im Sommer, Pflaumen und Nüssen im Herbst und schließlich Äpfeln und Birnen im frühen bis späten Winter. In der Weihnachtszeit gibt es dann Stollen, Lebkuchen und endlos viele Arten von Weihnachtsgebäck.

Einige Kuchen scheinen das ganze Jahr über erhältlich zu sein, etwa der Bienenstich, der aus süßem Hefeteig mit einem gebackenen Belag aus karamellisierten Mandeln besteht und manchmal, je nach Region, mit Vanillepudding, Buttercreme oder Schlagsahne gefüllt ist.

Der Baumkuchen ist sehr arbeitsintensiv und daher teuer. Er wird auf einem Spieß gebacken, indem gleichmäßig dünne Teigschichten aufgetragen werden und der Spieß über einem Holzfeuer gedreht wird. Jede Schicht wird für sich gebacken, bevor eine weitere Teigschicht aufgetragen wird. Wenn man den Kuchen anschneidet, sieht man die 15-20 Schichten, die durch dünne, dunkle Linien voneinander getrennt sind und an die Jahresringe eines Baumes erinnern. Der Baumkuchen ist bei den Japanern beliebt, welche die Idee übernommen haben und nun ihre eigenen Versionen herstellen.

Gebäck (Teilchen, Mehlspeise) wird zu unterschiedlichen Anlässen verzehrt. Häufig ist es festtags- oder saisonbedingt erhältlich, beispielsweise der Berliner, der nur außerhalb Berlins so heißt, in Berlin selbst aber als Pfannkuchen bekannt ist. Dieser mit Marmelade gefüllte, frittierte Krapfen, mit feinem Zucker oder Puderzucker bestreut, wird in der Faschingszeit im Februar und zu Silvester gegessen.

Obstkuchen werden in vielen verschiedenen Varianten gebacken, wobei alle Arten von Früchten der Saison verwendet werden. Ich nenne diese Rührkuchen mit Obstzusatz „Versunkene Obstkuchen". In Bäckereien findet man sie mit Kirschen, Pfirsichen, Aprikosen, Rhabarber, Äpfeln, Birnen, Johannisbeeren ode Stachelbeeren – oft mit Butterstreuseln bedeckt.

VERSUNKENER OBSTKUCHEN

Für einen quadratischen oder runden Kuchen in Standardgröße (Backform zwischen Ø 22 und 24 cm)

100 g Butter
100 g Zucker
3 Eier
300 g Mehl
1 Prise Salz
½ TL Backpulver
50 ml kohlensäurehaltiges Wasser
400 g zubereitetes Obst nach Wahl*

*Rhabarber, Aprikosen, Kirschen, Erdbeeren, Äpfel, Birnen, Pfirsiche, Johannisbeeren, Stachelbeeren

1. Backofen auf 180 °C vorheizen
2. Obst vorbereiten (entscheide selber, ob du das Obst schälen oder nur waschen möchtest: Mit Ausnahme von Rhabarber kannst du Bio-Früchte wie Äpfel, Birnen oder Pfirsiche auch mit Schale backen; wenn du Rhabarber verwendest, schäle die Stängel und schneide sie in ca. 6 cm lange Stücke; Kirschen entkernen)
3. Butter zerlassen
4. Eier trennen
5. In einer Schüssel Butter, Eigelb und Zucker verrühren
6. Gesiebtes Mehl und Backpulver nach und nach unter ständigem Rühren dazugeben
7. Sobald der Teig klebrig wird, nach und nach das kohlensäurehaltige Wasser hinzufügen und gut verrühren
8. In einer separaten hohen Schüssel Eiweiß mit einer Prise Salz steif schlagen
9. Den Eischnee mit einem Spatel oder Holzlöffel vorsichtig unter den Teig heben
10. Backform mit Butter einfetten oder Backpapier verwenden
11. Teig in die Backform geben
12. Die Früchte vorsichtig in den Teig eindrücken; wenn du Kirschen, Johannisbeeren oder Stachelbeeren verwendest, mische sie in den Teig, bevor du ihn in die Backform gibst
13. Ca. 50 Minuten backen

Wenn der Kuchen leicht abgekühlt ist, mit Puderzucker, Rosenblättern oder nach Belieben garnieren.

Während der Sommersaison wird bei uns viel Obst gegessen und für den Winter konserviert oder eingefroren. Gerade im Spätfrühling, Sommer und frühen Herbst, wenn eine große Anzahl an frischen Beeren Saison hat, werden gerne belegte Obstkuchen/ Tortenböden hergestellt. Erdbeeren, Kirschen, Johannisbeeren, Stachelbeeren, Brombeeren, Himbeeren oder Heidelbeeren werden auf einen Biskuitboden geschichtet und mithilfe von Bindemittel (z. B. Gelatine, Agar-Agar oder Pfeilwurzelpulver) mit dem Boden zusammengehalten. Zum Schluss noch frisch geschlagene Sahne dazu, und du erhältst einen einfachen, aber köstlichen Kuchen – und einen absoluten Klassiker.

GEDECKTER OBST-BISKUIT-KUCHEN MIT GESCHLAGENER SAHNE

Ergibt 1 mittelgroßen runden Kuchen
(Backform zwischen Ø 16 und 20 cm)

Ca. 400 g Beeren der Saison (Erdbeeren, Sauerkirschen, Johannisbeeren, Brombeeren oder Heidelbeeren)
120 g Mehl*
100 g Zucker
50 g Speisestärke
30 g Butter
5 Eier
Schlagsahne
Geliermittel
150 ml Apfelsaft oder Wasser

*Glutenfreie Version
Eine Mischung aus Mandel- und Haselnussmehl oder Kastanienmehl verwenden.

1. Backofen auf 180 °C vorheizen
2. Eier trennen
3. Eigelb, Butter und Zucker in einer Schüssel verrühren
4. Eiweiß mit einer Prise Salz steif schlagen
5. Eischnee vorsichtig unter die Eigelb-Zucker-Mischung heben und Mehl und Speisestärke in kleinen Portionen nach und nach in den Teig sieben und vorsichtig unterheben
6. Backform (Form oder Ring) einfetten oder Backpapier verwenden
7. Teig einfüllen und 15-20 Minuten backen, abkühlen lassen
8. Vorsichtig auf eine Kuchenplatte stürzen
9. Falls sich eine Kuppel gebildet hat, mit einem Backmesser oder einem großen, dünnen Messer vorsichtig die oberste Schicht abschneiden, damit der Boden wieder flach wird (du kannst die Kuppel auch als Deckel verwenden, indem du z. B. eine Schicht Sahne auf den Früchten verteilst, anstatt sie als Beilage zu servieren)
10. Eine dicke Schicht Beeren auf die Torte geben
11. In einem kleinen Topf Gelatine oder Agar-Agar (nach Packungsanweisung) mit 150 ml Apfelsaft oder, wenn du es weniger süß magst, mit Wasser anrühren
12. Unter ständigem Rühren 2 Minuten kochen lassen
13. Die Früchte mit einer Schicht Gelatine bedecken und darauf achten, dass die Zwischenräume nicht ausgelassen werden
14. An einem heißen Tag im Kühlschrank abkühlen lassen
15. Sahne aufschlagen und servieren

Schokoladenkuchen mit Nüssen ist so köstlich und ein richtiges Seelenfutter. Manchmal möchte man aber keinen großen Kuchen backen und dann alles aufessen müssen, bevor er ausgetrocknet ist. Seit einigen Jahren backe ich deshalb diesen kleinen Schokokuchen mit Haselnüssen, der perfekt für 2-3 Personen ist, ohne dass etwas übrig bleibt.

(gf) KLEINER NUSSIGER SCHOKOLADENKUCHEN

Ergibt 1 kleinen Kuchen
(Backform zwischen Ø 14 und 16 cm)

2 Eier
80 g Butter
200 g gemahlene Haselnüsse plus einige gehackte
1 Prise Salz
50 g Zucker
150 g Zartbitterschokolade
2 EL kohlensäurehaltiges Wasser
Puderzucker

1. Butter bei Zimmertemperatur schmelzen lassen
2. Backofen auf 180 °C vorheizen
3. Eier trennen
4. Schokolade im Wasserbad schmelzen (s. Seite 202)
5. Butter, Zucker und Eigelb in einer Schüssel gut verrühren (entweder mit einem großen Schneebesen oder einem elektrischen Mixer)
6. Geschmolzene Schokolade langsam einrühren
7. Nach und nach die gemahlenen Haselnüsse hinzufügen und weiter vermengen
8. Sprudelwasser nach und nach zugeben
9. Eiweiß mit einer Prise Salz steif schlagen
10. Backform einfetten
11. Eischnee vorsichtig unter den Teig heben und in die Form füllen
12. Ca. 30 Minuten backen und abkühlen lassen
13. Mit Puderzucker und den gehackten Haselnüssen bestreuen oder alternativ mehr Schokolade schmelzen und glasieren

Pflaumenkuchen ist im Herbst in ganz Deutschland zu finden, schließlich gibt es Pflaumenbäume zuhauf, und diese tragen oft eine große Menge an Früchten. Es gibt zahlreiche Rezepte für Pflaumenkuchen, aber meistens wird er als Blechkuchen gebacken und mit Schlagsahne oder Eiscreme serviert.

Meine Mutter und meine Großmutter verwendeten ein Hefeteigrezept; ich finde aber, dass Hefe und Pflaumen geschmacklich nicht so gut zusammenpassen und zudem Blähungen verursachen können – also habe ich mich für einen typisch französischen oder amerikanischen „Pie"-Teig, eigentlich ein Mürbeteig, entschieden, der wunderbar mit den saftigen Pflaumen harmoniert.

PFLAUMENKUCHEN

Ergibt 1 Blech
(ca. 32 x 21 cm)

250 g Mehl*
75 g Butter
100 ml eiskaltes Wasser
50 g Zucker
1 kg Pflaumen
Schlagsahne
1-2 EL Zucker (optional; prüfe vorher, wie süß die Pflaumen sind, vielleicht brauchst du gar keinen Zucker)

*Glutenfreie Version
Eine Mischung aus Mandel- und Haselnussmehl oder Kastanienmehl verwenden und 1 Ei hinzufügen.

1. Mehl, kalte Butter, Zucker und eiskaltes Wasser (du kannst einfach ein paar Eiswürfel in den Messbecher packen) in eine Schüssel geben. Zerkleinere die harte Butter mit einer Gabel oder einem Messer und beginne dann, die Zutaten gleichmäßig zu vermengen: Es entstehen viele Krümel. Dann das kalte Wasser nach und nach hinzugeben; wenn der Teig noch zu klebrig ist, etwas mehr Mehl nehmen
2. Mit den Händen den Teig ca. 5 Minuten kneten
3. Teig in Wachspapier einpacken und im Kühlschrank ca. 30 Minuten ruhen lassen
4. In der Zwischenzeit Pflaumen waschen, der Länge nach aufschlitzen und entsteinen; in einer Schüssel auffangen und für später beiseitestellen
5. Backofen auf 180 °C vorheizen
6. Backblech oder Kuchenform einfetten oder mit Backpapier auslegen
7. Teig ausrollen oder in die Form kneten, an den Seiten einen ca. 1 cm hohen Rand formen
8. Pflaumen dicht an dicht und aufrecht auf den Teig setzen
9. Mit Zucker bestreuen, wenn die Pflaumen eher sauer sind
10. Etwa 50-60 Minuten backen
11. Aus dem Ofen nehmen und erneut mit Zucker bestreuen, wenn du den Kuchen noch süßer magst
12. Mit Schlagsahne oder Vanilleeis servieren

Die Prinzregententorte ist eine siebenschichtige Biskuittorte mit Schokoladencremefüllung und überzogen mit einer Schokoladenglasur. Teig und Füllung wechseln sich in ca. 1 cm dicken Schichten ab, wodurch eine elegante Torte entsteht, die sich perfekt für einen festlichen Anlass anbietet. Die Prinzregententorte wurde angeblich von einem treuen Hofbäcker, Julius Rottenhöfer, erfunden, der sie Prinz Luitpold von Bayern widmete. Die sieben Schichten stehen für die sieben ehemaligen Bezirke des Landes. Ich habe diese Torte ausgewählt, weil sie geschmackvoll und elegant ist und weder Alkohol noch viel Sahne enthält. Trotz ihrer sieben Schichten ist sie leicht und liegt nicht zu schwer im Magen.

PRINZREGENTENTORTE

Dieses Rezept ist für eine große Torte. Du kannst aber alle Zutaten halbieren und eine kleinere Tortenform verwenden (Ø 15-16 cm) oder optional weniger Schichten erstellen (wie auf dem Bild; hier habe ich nur vier Tortenböden verwendet, wodurch die Torte nicht so hoch wird).

Teig
8 mittelgroße Eier
140 g Zucker
140 g Mehl
50 g Butter
Butter zum Einfetten der Kuchenform

Schokoladencreme
140 g dunkle Backschokolade
250 g Butter
150 g Zucker

Glasur
200 g Zartbitterschokolade
50 g Kokosfett
2 EL Zucker (wahlweise)

Tortenschichten

1. Backofen auf 200 °C vorheizen
2. Butter zerlassen, beiseitestellen
3. Eier trennen
4. Eigelb mit 70 g Zucker verrühren, bis beides zu einer hellen, schaumigen Masse wird
5. Eiweiß mit einer Prise Salz steif schlagen, dabei langsam die restlichen 70 g Zucker einrieseln lassen
6. Eigelb-Zucker-Mischung vorsichtig unter den Eischnee heben
7. Mehl in kleinen Portionen, nach und nach, in den Teig sieben und vorsichtig unterrühren
8. Nun langsam die Butter unterheben
9. Eine Springform von ca. 26 cm Durchmesser verwenden, leicht einfetten und mit einer dünnen Schicht Mehl bestreuen
10. 2 EL Teig gleichmäßig in der Form verteilen
11. 10 Minuten backen
12. 2 Minuten abkühlen lassen und vorsichtig aus der Form lösen
13. 8 Schichten auf diese Weise backen

Schokoladenfüllung

1. Schokolade im Wasserbad schmelzen (s. Seite 202)
2. Butter schaumig rühren und langsam, unter ständigem Rühren, zu der geschmolzenen Schokolade geben
3. Eier und Zucker in einer neuen Schüssel aufschlagen
4. Die Schokoladen-Butter-Mischung unter ständigem Rühren hinzufügen, bis eine glatte Konsistenz entsteht

Schichten und Glasieren

1. Die 7 Tortenböden jeweils mit einer dicken Schicht Schokoladencreme bestreichen und stapeln
2. Die achte Lage Tortenboden wird als oberste Schicht verwendet
3. Mit einem scharfen Messer eventuelle Unebenheiten an den Seiten abschneiden
4. Schokolade für die Glasur mit Kokosfett (und eventuell Zucker) im Wasserbad unter ständigem Rühren schmelzen
5. Den ganzen Kuchen mit Schokoladenglasur bestreichen und nach Belieben verzieren

Kalter Hund ist ein kalt gebackener Schokoladen-kuchen, der abwechselnd aus Bahlsen Leibniz Butterkeksen und einer Schokoladencreme auf Kokosnussölbasis in einer Kastenform geschichtet wird. Historisch gesehen kam dieser Kuchen Anfang des 20. Jahrhunderts auf, als die Firma Bahlsen ein Rezept für einen Kuchen mit ihren Leibniz-Keksen vorlegte. Heute wird der Kuchen stark mit dem industriellen Aufschwung nach dem Zweiten Weltkrieg assoziiert. Er wird immer noch als Kindergeburtstagskuchen serviert und hat heutzutage sogar ein Comeback, gerade in Ladencafés mit feiner Schokolade.

Meine Mutter verfeinerte den Kuchen mit Rum, sodass er zum Kuchen für Erwachsene wurde und nicht auf unseren Kindergeburtstagen auftauchte. Ich liebe das Rezept von meiner Mutter. Und hier gilt: Je besser die Schokolade, umso besser der Kuchen.

KALTER HUND

Für 1 rechteckige Kastenform
(ca. 26 x 11,5 cm)

2 Packungen Bahlsen Leibniz Butterkekse
125 g gute Schokolade (ggf. als Schokoladenchips/
Backchips)
100 g Kokosfett
50 ml Sahne
50 g Zucker

Optional
1 ½ EL Rum, Cognac oder Weinbrand

6-12 Stunden Vorbereitungszeit

1. Kastenform mit Pergamentpapier auslegen
2. Kekse aus der Verpackung nehmen und bereitlegen, damit du schnell arbeiten kannst
3. Wenn du keine Schokoladenchips/Backchips verwendest, dann die Schokolade in kleinere Stücke schneiden oder brechen
4. Im Wasserbad (s. Seite 202) die Schokolade zusammen mit Kokosfett und Zucker unter ständigem Rühren schmelzen, bis alles zu einer glatten, dicken Paste geschmolzen ist; langsam Sahne und Cognac hinzufügen nicht aufhören zu rühren (Vorsicht! Jetzt musst du schnell arbeiten, damit die Schokolade nicht zu sehr eindickt)
5. Eine Schicht flüssige Schokolade auf den Boden der Form löffeln und verteilen und eine Schicht Butterkekse Rand an Rand einlegen und leicht andrücken
6. Eine neue Schicht flüssiger Schokolade, dann wieder Butterkekse usw. Abwechselnd mit Schokolade und Keksen fortfahren
7. Die Form mit Plastik- oder Alufolie abdecken und mindestens 6 Stunden im Kühlschrank kalt stellen (besser ist über Nacht)
8. Kuchen aus der Form heben (an den Rändern des Pergamentpapiers festhalten)
9. Das Pergamentpapier vorsichtig entfernen und den Kuchen mit der glatten Seite nach oben auf eine Servierplatte legen

Mit einem scharfen Messer in 2 ½ cm dicke Scheiben schneiden. Falls der Kuchen zu schwer zu schneiden ist und bröckelt, lass ihn bei Zimmertemperatur etwas aufwärmen.

Geschnitten zum Tee oder Kaffee oder als Dessert servieren.

In der deutschen Küche werden Zitronen nur selten verwendet – meist als Säure zum Haltbarmachen von Gelees und Konfitüren, als Vitamin-C-liefernde Heilfrucht oder für den Zitrusgeschmack in Süßspeisen. Dass Zitrone zu fast allen Fischgerichten serviert wird, geht auf einen alten Brauch zurück: Früher kam sie zum Einsatz, um den Fischgestank an den Häfen zu überdecken – aber niemals, um das Fischgericht schmackhafter zu machen.

Seit dem 16. Jahrhundert wurden Zitronen aus Spanien und Italien importiert, da sie nicht winterhart sind und in unseren Gefilden nicht wachsen können. Aber wir lieben Zitronenkuchen und finden ihn auch oft als Blechkuchen oder Gugelhupf mit Zuckerglasur. Nachdem ich in Kalifornien gelebt habe, wo Zitronen in so vielen Gerichten verwendet werden, habe ich ihren Geschmack im Essen lieben gelernt.

Ich weiß nicht mehr genau, wo ich einen Zitronenkuchen gegessen habe, der voll von Zitronensaft und -schale triefte, aber ich bin sicher, dass es in Kalifornien war. Die ultimative Art, diese Frucht zu ehren. Ich habe dieses Rezept mit dem Geschmack der Erinnerung geschrieben und frischen Fenchel hinzugefügt, um ihm eine delikate lokale und saisonale Note zu verleihen.

GETRÄNKTER ZITRUSKUCHEN

Ergibt 1 normalen runden Kuchen
(Gugelhupf-Form zwischen Ø 22 und 24 cm)

4 Eier
400 g Mehl
125 g Butter
5 EL Zucker
½ Vanilleschote
2 Bio-Zitronen (oder 4 Limetten oder 1 Orange oder eine Mischung aus Zitrusfrüchten)
Ca. 125-150 ml kohlensäurehaltiges Wasser
¼ TL Backpulver

Optional
2 EL Fenchelblätter vom wilden Fenchel

Du kannst auch Limetten oder Orangen anstelle von Zitronen verwenden.

Um einen kleinen Zitruskuchen zu backen, halbiere alle Zutaten und benutze eine kleine Gugelhupf-Form.

1. Butter bei Zimmertemperatur weich werden lassen
2. Backofen auf 180 °C vorheizen
3. Eier trennen
4. Butter, Zucker, Vanilleschote und Eigelb in einer Schüssel gut verrühren (entweder mit einem großen Schneebesen oder einem elektrischen Mixer)
5. Nach und nach das mit Backpulver vermischte Mehl in die Schüssel sieben und weiterrühren
6. Nach und nach sprudelndes Wasser hinzufügen (der Teig sollte sehr klebrig, aber nicht trocken sein)
7. Eiweiß mit einer Prise Salz steif schlagen
8. Backform einfetten
9. Eischnee vorsichtig unter den Teig heben und in die Kuchenform gießen
10. Ca. 40 Minuten backen
11. In der Zwischenzeit Schale von beiden Zitronen abreiben und anschließend auspressen
12. Schale und Saft in einer Schüssel auffangen, 2 EL Zucker hinzufügen und einige Minuten mit einem Löffel rühren, damit sich der Zucker auflöst; beiseitestellen
13. Wenn der Kuchen fertig ist, etwas abkühlen lassen und mit einem dünnen Spieß vorsichtig überall Löcher in den Kuchen stechen
14. ½ der Zitronensaft-Zucker-Mischung über den Kuchen gießen und darauf achten, dass die Flüssigkeit in die Löcher gelangt (der Kuchen wird jetzt mit Saft getränkt)
15. Kuchen nach dem Abkühlen aus der Form nehmen, auf eine Servierplatte stellen und den Rest der Zitronensaft-Zucker-Mischung über den Kuchen gießen

EIN PAAR PRAKTISCHE TIPPS

Vorbereitung und Verarbeitung von frischen Kräutern

- Entferne alle Blätter, die nicht zu den Kräutern gehören, sorgfältig, z. B. Gras, kleine Stängel oder Wurzeln (beim Sammeln ist es ganz normal, dass auch andere Pflanzen, z. B. Grashalme, mitgepflückt werden).
- Wasch die Kräuter in einer großen Schüssel oder einem Waschbecken mit Wasser, das du mit einem Schuss Apfelessig anreicherst. Bewege sie mit der Hand hin und her und lass sie für 12 Minuten im Wasser stehen, um alle Bakterien abzutöten.
- Abgießen und in einer Salatschleuder oder einem Sieb trocknen.
- Dicke Stängel entfernen, da diese oft stark im Geschmack sind und Bitterkeit hinzufügen können.
- Wenn du Wildkräuter in einer Küchenmaschine oder einem Mixer zerkleinerst, schneide sie zuerst mit einer Schere kürzer, da sie dazu neigen, sich um die Klinge zu wickeln, und die Küchenmaschine verstopfen können.

Lagerung von frischen Kräutern und Salaten

Kräuter, die in einer Plastiktüte verpackt sind, verfaulen viel schneller, weil sich in der Plastikfolie Wasser sammelt und die Kräuter nicht atmen können. Unter anderem versuche ich, Plastik zu vermeiden, wann immer ich kann – weil es unsere Ozeane verschmutzt und weil wir noch nicht wissen, wie sich in Plastik verpackte Lebensmittel auf unsere Gesundheit auswirken. Du kannst frische Kräuter (auch Salatblätter) in ein angefeuchtetes Küchentuch einwickeln und dann in das Gemüsefach deines Kühlschranks legen. Auf diese Weise halten sich die Kräuter sehr lange. Wenn das Handtuch zu trocken wird, kannst du es wieder anfeuchten.

Küchentücher aus Stoff verwenden

Zum Abseihen, Einwickeln und Abdecken von Lebensmitteln eignen sich Küchentücher aus Baumwollleinen sehr gut. Achte darauf, dass du sie ohne Seife und Weichspüler wäschst – du möchtest ja schließlich einen Apfelstrudel nicht mit einem parfümierten Stück Stoff ausrollen. Ich wasche meine Küchentücher ohne Seife bei 90 °C. Wenn deine Waschmaschine nicht so heiß wird, reichen auch 60 °C; du kannst sie auch einfach in einem großen Topf auf dem Herd kochen.

Wasserbad

Für einige Koch- oder Backvorgänge (z. B. Schmelzen von Schokolade oder Zubereitung von Saucen) benötigst du ein Wasserbad, das du im Ofen oder auf dem Herd aufstellen kannst. Im Grunde kannst du jede hitzebeständige Schale direkt in einen größeren Topf mit heißem oder leicht kochendem Wasser stellen.

Kochen von Konfitüren, Gelees und Sirups

- Es ist wichtig, bakterienfreie Gläser und Deckel zu benutzen, damit Marmeladen, Gelees und Sirups länger halten und vor Schimmel geschützt sind.
- Reinige die Gläser gründlich unter heißem Wasser mit etwas Spülmittel oder in der Spülmaschine.
- Stell die Gläser auf die Spüle und übergieße Glas und Deckel mit reichlich kochendem Wasser (du kannst eine Zange benutzen, um es wieder auszugießen, damit du dich nicht verbrennst).
- Desinfiziere die Gläser immer, bevor du mit dem Kochen der Marmeladen, Gelees oder Sirups beginnst.

Geleetest

- Um zu testen, ob du genügend Geliermittel für das Gelee verwendet hast, stell eine kleine Schale in den Gefrierschrank, während das Gelee kocht. Wenn das Gelee laut Anweisung fertig gekocht ist, gib eine kleine Menge Gelee auf den eisigen Teller, stelle ihn zurück ins Gefrierfach und warte 1-2 Minuten. Wenn das Gelee fest ist und du mit der Konsistenz zufrieden bist, ist alles gut.
- Füll Gelees, Marmeladen oder Sirups immer heiß in die sauberen Gläser oder Flaschen.
- Wisch die Ränder mit einem sauberen Handtuch ab, bevor du sie fest verschließt.
- Stell die Gläser für 5 Minuten auf den Kopf und lass sie abkühlen.

Anmerkung

Meine Rezepte enthalten weniger Zucker als üblich und keine konservierenden Zutaten außer Zitrone. Daher habe ich die Angaben zur Haltbarkeit eingemachter Lebensmitteln viel kürzer angegeben, um auf der sicheren Seite zu sein.

Konservierung von Lebensmitteln, Einmachen

Ein weitere Methode, Lebensmittel durch Konservierung haltbar zu machen, ist das Erhitzen der Gläser und Flaschen im Backofen. Ein weitere Methode, Lebensmittel durch Konservierung haltbar zu machen, ist das Erhitzen der Gläser und Flaschen im Backofen. Dadurch werden alle Mikroorganismen abgetötet und die Luft aus dem Glas verdrängt – so wird das Eingemachte beim Abkühlen vakuumversiegelt.

Schritte

- Stell die Gläser mit deinem Eingemachten auf ein tiefes Backblech, sodass sie sich nicht berühren (3 cm um jedes Glas herum).
- Füll das Backblech mit Wasser, sodass die Gläser 2-3 cm im Wasser stehen.
- Ofen auf 175 °C stellen und ca. 15-20 Minuten Gläser erhitzen, dabei im Auge behalten: Das Wasser auf dem Boden des Backblechs sollte leicht zu köcheln beginnen, und die Lebensmittel in den Gläsern sollten anfangen, kleine Bläschen zu bilden.
- Schalte den Ofen aus, öffne die Ofentür einen Spalt und lass die Gläser noch 30 Min. im Ofen, bevor du sie herausnimmst, um sie vollständig abkühlen zu lassen.

Experimentieren

Ich habe gelernt zu kochen, weil ich keine Angst vor Experimenten mit Zutaten und Maßeinheiten hatte. Dieser Ansatz funktioniert nicht so gut beim Backen, aber im Allgemeinen gibt es so viele verschiedene Möglichkeiten, ein Gericht zuzubereiten, und vieles hängt von der Qualität und Frische der Produkte ab. Ob die Geschmäcker gut zusammenpassen, kannst du nur herausfinden, indem du Dinge probierst. Mit der Zeit entwickelst du ganz automatisch einen natürlichen Sinn für ausgewogene Geschmäcker und Raffinesse.

VON FELDERN, BÄUMEN UND WIESEN
ÜBER OBST, GEMÜSE, WILDPFLANZEN UND KRÄUTER

Es gibt zahlreiche Gründe, saisonale und regionale Produkte in der Küche zu verwenden, aber die offensichtlichsten sind Geschmack, Qualität und Gesundheit. Feldfrische Produkte haben einen unverfälschten und intensiveren Geschmack und machen den Einsatz von exotischen Gewürzen und künstlichen Aromastoffen überflüssig. Da regionale Produkte nicht von weit her transportiert und lange gelagert werden müssen, haben sie kaum Zeit, ihren Geschmack, ihre natürlichen Vitamine und ihren Mineralstoffgehalt zu verlieren.

Es wird dir außerdem eine pure Freude sein, die Jahreszeiten in deiner Küche zu respektieren und zu zelebrieren! Ich erinnere mich, dass ich als Kind ein großes Glücksgefühl empfand, wenn bestimmte Früchte Saison hatten. Oder die Vorfreude, wenn man darauf wartet, dass bestimmte Gemüse- oder Obstsorten auf dem Markt erscheinen, reif an den Bäumen oder Büschen hängen oder aus der Erde gezogen werden. Diese Vorfreude führt zu einer Wertschätzung dessen, was wir essen und kochen.

Ich denke, wenn man mit frischen Zutaten kocht, sollte das Hauptaugenmerk immer auf dem Geschmack des einzelnen Gemüses oder der Frucht liegen. Um die heimischen Gemüse- und Obstsorten zu würdigen, kann man sieben Mikro-Jahreszeiten zählen, wobei die meisten Produkte im Sommer und nur ein paar im Winter angesiedelt sind. (Natürlich kann dies je nach Region auch völlig unterschiedlich sein.) Du kannst durch Gespräche mit örtlichen Bauern oder Händlern auf den Märkten schnell herausfinden, was wirklich Saison hat und was in Gewächshäusern „off season" angebaut wird.

Das folgende illustrierte Lexikon von Obst, Gemüse und ein paar essbaren Wildpflanzen ist saisonal nach dem Klima in Deutschland geordnet. Wenn du in einer anderen Klimazone lebst, ist die Sortierung natürlich nicht korrekt. Im Internet gibt es zahlreiche Kalender, die auflisten, wo wann Obst und Gemüse frisch vom Feld geerntet werden.

VORFRÜHLING

März-April

LAUCHZWIEBEL, FRÜHLINGSZWIEBEL

Lauchzwiebeln bzw. Frühlingszwiebeln haben einen milderen Geschmack als die meisten ihrer Verwandten. Diese Zwiebelart ist mit Knoblauch, Schalotte, Lauch und Schnittlauch verwandt, hat aber keine voll entwickelte Zwiebel. Die hohlen, röhrenförmigen, grünen Blätter können roh gegessen werden. In dünne Scheiben geschnitten geben sie gestreut jedem Salat der Saison, einer Suppe oder einem Eintopf den letzten Schliff. Ihre Saison dauert bis Ende Oktober.

→   *roh, gedünstet oder gekocht in Salaten, Suppen, gekochten Gerichten jeder Art*

SPINAT

Spinat ist auf der ganzen Welt bekannt und wird vielseitig verwendet. Sein Geschmack ist unterschiedlich, je nachdem, ob er roh, gekocht, in Dosen oder eingefroren verzehrt wird. Spinat enthält eine gesunde Menge an Eisen, Kalzium und Vitamin K. Frischer Spinat verliert einen Großteil seines Nährwerts, wenn er länger als ein paar Tage gelagert wird, weshalb er am besten direkt vom Feld verzehrt wird. Fein geschnittener, tiefgefrorener Spinat mit Sahne, serviert mit Fischstäbchen oder Rührei und Salzkartoffeln, war die Version, die Kinder zu meiner Zeit geliebt haben und auch heutige Kinder noch tun. Vielleicht eine Methode, um kleinen Kindern das grüne Gemüse näherzubringen? Die Spinatsaison dauert bis Dezember.

→   *roh als Salat und in Smoothies, gekocht als Gemüse, gekocht oder gebacken als Füllung in Fleisch, Teigtaschen und Omelett*

RHABARBER

Rhabarber gehört zur Kategorie Gemüse, wird in der Küche aber als Obst verwendet und mit Zucker in Kuchen, Streuseln oder Aufläufen gekocht. Rhabarber kann roh verzehrt werden, ist aber wegen des sehr säuerlichen, bitteren Geschmacks nicht so beliebt. Rhabarber erreichte große Popularität im 18. und 19. Jahrhundert als Zutat für Kuchen und Torten, nachdem Zucker verbreiteter war. Rhabarber wird oft mit Erdbeeren kombiniert, um den sauren Geschmack mit Süße auszugleichen. Die Saison beginnt bereits im März und dauert bis Ende Juni.

→ *Dessert, Kuchen*

FRÜHLING

April-Mai

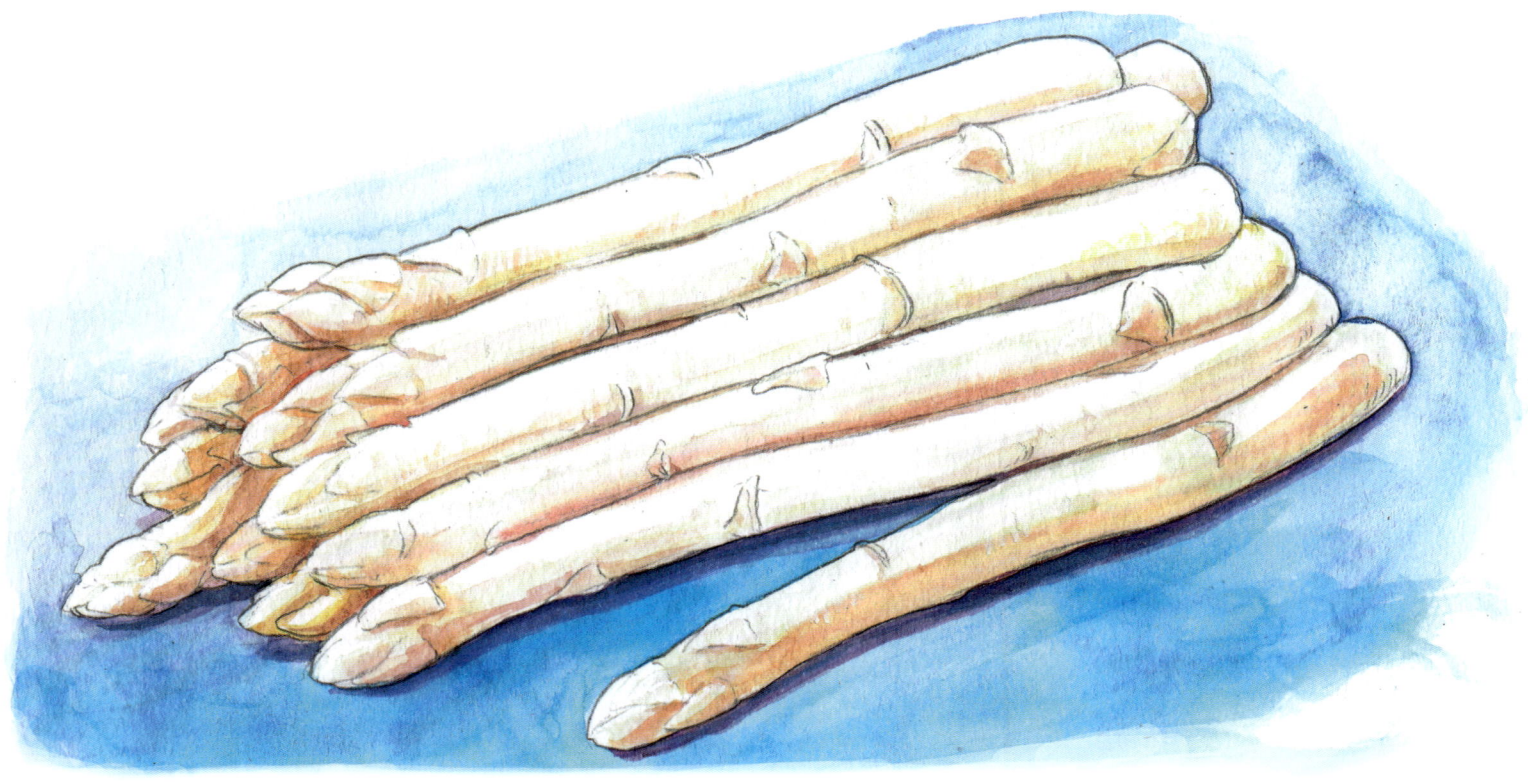

WEISSER SPARGEL

Zur Erntezeit des weißen Spargels drehen die Deutschen durch. Von Mitte April bis Mitte Juni veranstalten einige Dörfer sogar Spargelfeste und krönen eine Spargelkönigin!

Weißer Spargel wird dem grünen immer noch vorgezogen und in vielen Variationen genossen. Es gibt Restaurants, die ihre ganze Speisekarte im Mai und Juni dem Spargel widmen.

Weißer und grüner Spargel sind zwar die gleiche Pflanze, der Unterschied liegt jedoch in der Art des Anbaus. Weißer Spargel wächst unterirdisch, vollständig mit Erdhügeln bedeckt, während grüner Spargel oberhalb der Erdoberfläche wächst.

Weißer Spargel wird serviert:
- mit zerlassener Butter, Salzkartoffeln und dünn geschnittenem Kochschinken
- mit Sauce Hollandaise und Salzkartoffeln
- als Spargelcremesuppe aus püriertem weißem Spargel und Brühe
- als Gemüsebeilage zu Wild oder Schnitzel

. . . und immer mit einem Glas trockenem Weißwein.

Die Saison erstreckt sich von Mitte April bis Ende Juni.

→ *gekocht als Gemüse, in Suppe, gegrillt oder als kalter Salat*

HOLUNDERBLÜTEN

Der Holunder gehört zur Familie der Geißblatt-gewächse, und sein Nektar ist beliebt bei Vögeln und Schmetterlingen. Holunder blüht bei uns ab Ende Mai und trägt im Frühherbst Beeren. Im späten Frühjahr lassen sich seine weißen Blüten zu Sirup und Gelee verarbeiten oder können als köstliche Pfannkuchen verzehrt werden. Holunderblütensirup wird gerne mit Weißwein, Sekt oder Selterswasser und Zitrone zu einem Hugo gemischt.

Bevor du die Blüten in einen Salat gibst, solltest du sie von den Stängeln abzupfen, denn diese sind bitter und enthalten giftige Kalziumoxalatkristalle.

→ *Sirup, Gelee, Pfannkuchen, essbare Blüten im Salat*

FLIEDER

Dieser Strauch oder Baum ist wegen seiner im Frühling blühenden duftenden kleinen violetten, rosafarbenen oder weißen Blüten sehr beliebt. Flieder ist in großen Teilen Europas und Nordamerikas weitverbreitet. Aus Fliederblüten lassen sich köstliche Gelees oder Sirups herstellen. Die kurze Saison, der einzigartige Duft und die einfache Zubereitung machen ihn zu einem ganz besonderen Genuss, der zu Hause leicht herzustellen ist.

→ *Gelee, Sirup für Getränke und Desserts*

LINDENBLÜTEN

Die Linde gehört zur Gattung *Tilia* mit etwa 30 Arten von Bäumen und Sträuchern, die in den meisten Gebieten der gemäßigten nördlichen Hemisphäre heimisch sind. Die nordamerikanischen Arten werden Linden genannt.

Berlin ist voll von Linden. Je nach Wetterlage beginnen sie Mitte Juni zu blühen. Die Blüten öffnen sich gerne nach einem starken, warmen Regen und lassen dann ganz Berlin nach Linden duften.

Es ist ein unverwechselbarer Duft, und genau wie beim Flieder lässt sich die Essenz der Lindenblüten in Gelees und Sirups einfangen, die einen zitronigen, frischen Duft verströmen. Aus den gepflückten und getrockneten Blüten lässt sich Lindenblütentee herstellen, ein Mittel gegen Erkältungen und Grippe im Winter.

→ *gekocht zu Gelee, Sirup für Getränke und Desserts, getrocknet als Tee*

FICHTEN- UND TANNENSPROSSEN

Fichten und Tannen gehören zu der Gattung *Picea*. Es gibt etwa 35 Arten von diesen immergrünen Kieferngewächsen, die in der Regel in den nördlichen gemäßigten Zonen unseres Planeten vorkommen.

Fichten und Tannen sind ausgewachsen meist große Bäume und haben gewundene Äste und eine konische Form. Junge Fichten- und Tannenknospen sind im Frühjahr leicht an den leuchtend grünen Spitzen zu erkennen. Die Knospen enthalten Vitamin C, Chlorophyll, Kalium und Magnesium. Frisch und roh vom Baum sind sie in Salaten oder zum Aromatisieren von Trinkwasser eine saisonale Köstlichkeit. Die Spitzen lassen sich gut für Tee trocknen und hinterlassen ein einzigartiges Aroma in Gelees und Sirups.

→ *roh in Salat und zur Aromatisierung von Getränken, gekocht als Gelee und Sirup, getrocknet für Tee*

GURKE

Die Gurke ist eine weitverbreitete Kulturpflanze. Verwandt mit Kürbis und Melone, stammt sie ursprünglich aus Südasien und ist vermutlich im Mittelalter nach Europa gekommen. In der deutschen Küche werden lange Gurken für einen erfrischenden Salat verwendet, oft mit Essig und/oder Zitrone, mit oder ohne Sahne, und oft mit Dill zubereitet. Kleine Sommergurken werden zu Gurken eingelegt, und die Schmorgurke wird in der Pfanne gebraten.

→   *roh als Salat oder zur Aromatisierung von Wasser*
     eingelegt, geschmorrt

MAIRÜBCHEN

Die Mairübe, auch *navette* (französisch) genannt, ist ein Gemüse mit einer großen essbaren Wurzel. Als Verwandter der gewöhnlichen Rübe ist die Mairübe auch mit der Teltower Rübe und der Herbstrübe verwandt. Sie wird Mairübe genannt, weil sie früh im Jahr gesät und im Mai geerntet wird. Die Mairübe hat einen leicht süßlichen Geschmack und ist ein leckeres Gemüse, entweder in der Pfanne in Butter oder Olivenöl gebraten oder auch fein geschnitten roh verzehrt.

→ *roh im Salat, geschmortes oder gegrilltes Gemüse, gekocht in Eintöpfen*

oder als Beilage zu Pralinen verwendet. Künstliche Erdbeeraromen werden Süßigkeiten, Seifen, Lipgloss und Parfüms zugesetzt.

Die Erdbeeren wuchsen zunächst wild in den Wäldern, bevor die Franzosen sie im 14. Jahrhundert als erste Gartenerdbeere in ihre Gärten verlegten und kultivierten. Im späten 18. Jahrhundert wurde die Erdbeere in der Bretagne angebaut.

Erdbeeren schmecken am besten, wenn sie frisch und reif vom Feld gepflückt werden. Aus dem Gewächshaus stammend, haben sie in der Regel keinen ausgeprägten Geschmack, ebenso wenn sie außerhalb der Saison gekauft werden. Wie in vielen Ländern lieben wir auch in Deutschland die Erdbeersaison und bauen Erdbeeren entweder in unseren Gärten an oder gehen mit Familie und Freunden aufs Feld, um sie zu pflücken. Ihre kurze Saison dauert von Ende April bis Ende Juni.

→ *roh als Obst, in und auf Kuchen, in Desserts, getrocknet, gekocht als Konfitüren oder Sirup*

ERDBEERE

Erdbeeren, eine Hybridart der Gattung *Fragaria*, werden weltweit wegen ihrer Früchte angebaut. Sie werden wegen ihres charakteristischen Aromas, ihrer Saftigkeit, ihrer Süße und der leuchtend roten Farbe geschätzt. Erdbeeren werden entweder frisch verzehrt oder für Konfitüren, Torten, Eiscreme, Milchshakes

FRÜHSOMMER

Juni

KIRSCHE

Nach der Erdbeerzeit ist die Kirschenernte ein weiterer beliebter Höhepunkt. Es gibt über 400 verschiedene Arten, die in Nordamerika, Europa und Asien angebaut werden. Es wird angenommen, dass Kirschen ihren Ursprung in der Türkei haben. Süßkirschen liefern weniger Nährstoffe als Sauerkirschen, die 50 Prozent mehr Vitamin C und 20 Prozent mehr Vitamin A enthalten. Sauerkirschen sind allerdings selten zu finden.

Meine Großmutter hatte einen großen gelben Kirschbaum in ihrem Garten. Wenn die Früchte reif waren, mussten wir alle beim Pflücken helfen, bevor die Vögel den riesigen Baum leer pickten. Dann kochte meine Oma die Kirschen mit Stein in Einmachgläsern und etwas Zucker ein, und wir aßen sie den ganzen Winter über zum Nachtisch.

Frische Kirschen geben herzhaften Salaten eine leckere süße und fruchtige Note. Sauerkirschen eignen sich als Zutat zu Wildgerichten, gesüßt in Desserts und verarbeitet zu Schnaps.

→ *roh als Obst, in Salaten, Kuchen, Torten und Desserts, getrocknet, gekocht zu Marmeladen, zu Eintöpfen, als rote Grütze, gebrannt oder aufgesetzt als Schnaps*

KOPFSALAT

Ab Anfang Juni gibt es auf dem Markt viele regionale Salatsorten zu kaufen: grüne und rote Blattsalate (*Lollo biondo* und *Lollo rosso*), Rucola, Batavia und Frisée, um einige zu nennen. In der traditionellen deutschen Küche steht der Kopfsalat als Sommersalat ganz oben auf der Liste. Mit Dressings, süß oder sauer angemacht, passt frischer grüner Salat herrlich zu Gerichten wie Wiener Schnitzel oder gebratenem Fischfilet mit Kartoffeln. Frisch vom Feld geht die Salatsaison bis ca. Ende September.

→   *roh als Salat*

KOHLRABI

Kohlrabi gehört zur selben Gattung wie Kohl, Brokkoli, Blumenkohl, Grünkohl, Rosenkohl und Wirsing. In Deutschland wird er häufig roh oder gekocht verzehrt, wobei in den Rezepten entweder Stängel und Blätter oder nur die Knolle verwendet werden. Kohlrabi schmeckt ähnlich wie der Strunk von Brokkoli oder einem Kohlherzen, ist aber viel süßer. Egal ob mit roter oder grüner Schale: Kohlrabi wird immer geschält gegessen. Seine Saison dauert bis Ende Oktober.

→   *roh in Salaten, gekocht, geschmorrt oder gebacken als Gemüse*

KAROTTE (MÖHRE, GELBE RÜBE)

Karotten bzw. Möhren sind ein Wurzelgemüse, das für seine orange Farbe bekannt ist. Glücklicherweise kommen jetzt wieder alte Sorten auf den Markt, sodass wir auch Ausführungen in Lila, Schwarz, Rot, Weiß und Gelb sowie in dicken oder ganz dünnen Varianten genießen können.

Interessanterweise haben niederländische Züchter die orangefarbene Karotte im 17. Jahrhundert zu Ehren von Wilhelm von Oranien* und ihrer damaligen Flagge gezüchtet. Gegessen wird vor allem die Pfahlwurzel; aber auch die Stängel und Blätter der Möhre sind genießbar. Vor allem aus dem Grünzeug lässt sich ein köstliches Pesto herstellen, das zu Nudeln, Kartoffeln, Fleisch oder auf Brot gegessen werden kann.

* Der gebürtige Niederländer, der dem Haus Oranien angehörte, regierte später als König von England, Schottland und Irland bis zu seinem Tod im Jahr 1702.

→ *roh in Salaten, zu Dips, gekocht als Gemüse, in Suppen, Eintöpfen, Aufläufen, verarbeitet als Möhrengrünpesto*

MORCHEL

Die Morchel ist ein essbarer Pilz mit einem unverwechselbaren wabenartigen Aussehen. Da sie schwer zu kultivieren sind, hat sich die kommerzielle Ernte von wilden Morcheln zu einer Multimillionen-Dollar-Industrie in der gesamten nördlichen Hemisphäre entwickelt, wo diese hoch geschätzten Pilze in Hülle und Fülle wachsen. Gourmetköche in aller Welt loben Morcheln wegen ihres einzigartigen Geschmacks. Am besten genießt man sie, wenn man sie sanft in Butter anbrät und mit Salz und Pfeffer würzt.

→ *in Butter oder Pflanzenöl gedünstet, als eigenes Gericht oder als Beilage*

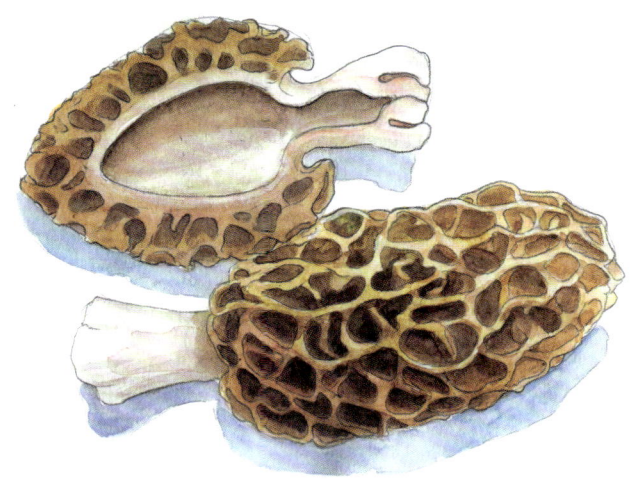

MANGOLD

Mangold ist ein grünes Blattgemüse mit großen Stängeln, ähnlich wie Spinat- oder Rübenblätter. Mangoldblätter können grün oder rötlich sein, die Stiele weiß, gelb, rosa oder rot. Wie anderes grünes Blattgemüse ist Mangold sehr nahrhaft. Hierzulande kochen wir Mangold wie Spinat, als Eintopf-, Suppen- oder Auflaufgemüse, oder wir verwenden ihn als rohe Zutat in Smoothies. Die Saison für Mangold dauert bis Ende Oktober.

→ *roh in Salat oder Smoothie, gedünstetes oder gekochtes Gemüse, in Eintöpfen, Aufläufen, Omelett oder als knusprig geröstete Blätter*

RADIESCHEN

Radieschen sind ein essbares Wurzelgemüse aus der Familie der *Brassicaceae* und wurden in Asien in vorrömischer Zeit domestiziert. Sie werden in der ganzen Welt angebaut und meist roh als knackiges Salatgemüse verzehrt. Der scharfe oder würzige Geschmack des Radieschens, der in Größe, Geschmack und Farbe variiert, ist auf chemische Verbindungen in der Pflanze zurückzuführen.

Radieschen werden typischerweise in Salaten verwendet oder mit Brot, Käse und Aufschnitt zum Abendbrot serviert. Die Blätter, wenn sie jung und frisch sind, eignen sich auch hervorragend als Salatgrün. Die Saison für Radieschen dauert bis Ende Oktober.

→ *rohes Salatgemüse, Snack*

ERBSE

Erbsen bzw. die Samenkapsels der Frucht *Pisum sativum* können grün oder gelb sein. In früheren Zeiten wurden Erbsen zum Trocknen angebaut, was ihre Lagerfähigkeit verlängerte. So waren getrocknete Erbsen und andere Hülsenfrüchte im Mittelalter ein Grundnahrungsmittel und halfen, Hungersnöte zu bekämpfen. Gartenerbsen, die roh verzehrt werden, sind eine Erfindung des frühneuzeitlichen Europas.

In Deutschland werden Erbsen gefroren, getrocknet und gekocht verzehrt. Erbsensuppe mit Kartoffeln, Wurst und Speck ist ein traditionelles Gericht, das heute eher selten gegessen wird. Die Erbsensaison ist kurz und dauert bis Ende August.

→ *roh in Salaten, gekocht in Suppen, Eintöpfen oder Aufläufen, getrocknet, gefroren*

HOCHSOMMER

Juli - August

HIMBEERE

Himbeeren sind in der ganzen Welt beliebt. Die mehrjährige Pflanze, die jedes Jahr aus einem Rhizom wächst, gehört zur Familie der *Rubus*- oder *Rosengewächse*, von denen zahlreiche Sorten in der nördlichen und gemäßigten Hemisphäre gedeihen. Die wilde Himbeere wächst in halbschattigen Wäldern. Himbeerblätter werden seit dem Altertum zu medizinischen Zwecken verwendet und als Tee oder Tinktur bei Magenschmerzen, Hals- und Ohrenentzündungen sowie chronischen Hautproblemen eingesetzt. Wie viele andere Beeren sind auch Himbeeren reich an Vitamin C.

→ *roh als Obst in Smoothies, Desserts, Torten, Kuchen, Eis, Salaten, gekocht als Marmelade, Sirup, aufgesetzt als Schnaps, Blätter getrocknet als Tee*

STACHELBEERE

Die Stachelbeere ist in Europa, im Kaukasus, in Nordafrika und an ein paar Standorten in Kanada und den Vereinigten Staaten heimisch. Die Stachelbeerpflanze gehört zur Gattung der *Ribes*, zu der auch die Johannisbeere gehört. Der Strauch wächst mit vielen dornigen Zweigen in verschiedene Richtungen, was das Pflücken der Beeren zu einer echten Herausforderung macht. Die Beere ist im Allgemeinen haarig, aber für den Rohverzehr nicht unangenehm. Stachelbeeren gibt es in roten, grünen oder weißen Varianten und schmecken süß-säuerlich. In Deutschland werden sie überwiegend roh verzehrt oder für Desserts wie Kuchen und Torten verwendet. Stachelbeeren schmecken fantastisch direkt vom Strauch und lassen sich wunderbar zu einem versunkenen Obstkuchen oder zu Aufgesetztem verarbeiten.

→ *roh als Obst, in Kuchen, Torten, aufgesetzt als Schnaps*

BROMBEERE

Brombeeren sind mit der Himbeere verwandt und gehören ebenfalls zur Gattung *Rubus* in der Familie der Rosengewächse, von denen es auf der gesamten Nordhalbkugel zahlreiche Sorten gibt. Brombeeren stehen seit mindestens 2500 Jahren auf dem Speiseplan der Europäer. Ein Beweis dafür wurde im Magen einer mumifizierten dänischen Frau gefunden. Brombeeren werden nicht nur für Kuchen, Gelees und Konfitüren verwendet, sondern haben auch eine lange medizinische Tradition. Blätter, Wurzeln und Rinde wurden verarbeitet und eingenommen, um eine Reihe von Krankheiten zu heilen, von Zahnfleischbluten über Durchfall bis hin zu Magengeschwüren. Die Früchte wurden auch zum Färben von Stoffen verwendet. Da die Pflanzen scharfe Dornen haben, werden sie manchmal absichtlich zum Schutz vor Feinden oder großen Tieren angepflanzt.

Wenn du in der freien Natur Brombeeren sammelst, solltest du dich auf jeden Fall wappnen: Trage Jeans, langärmelige Hemden und Handschuhe.

→ *roh als Obst, in Desserts, Torten, Kuchen, Eis, Salat, Gelee, Sirup, aufgesetzt als Schnaps*

BLAU- UND HEIDELBEERE

Es gibt verschiedene Arten von Blau- oder Heidelbeeren, alle mit unterschiedlichen Namen. Hierzulande unterscheiden wir zwischen der kultivierten Heidelbeere und der wilden Waldheidelbeere. Beide wachsen an Sträuchern und bringen dunkelblaue Beeren hervor, wobei die wilden Waldblaubeeren viel kleiner sind, eher säuerlich als süß schmecken und ihrem Namen alle Ehre machen, indem sie Zahnfleisch und Zähne blau färben. Die kultivierte Heidelbeere stammt von der amerikanischen Blaubeere ab, die ein weißes Fruchtfleisch hat und daher keine Flecken auf Lippen und im Mund hinterlässt.

In den letzten Jahren wurde die Heidel- und Blaubeere als Superfood mit einem hohen Gehalt an Antioxidantien vermarktet, was dazu führte, dass sie nun in großem Stil in Gewächshäusern angebaut wird und ganzjährig in Supermärkten erhältlich ist. Sie haben zwar nicht mehr Vitamine als andere Früchte, aber dafür weniger Zuckergehalt.

Heidel- und Blaubeeren werden frisch, gefroren oder getrocknet verkauft. In Deutschland verwenden wir die Waldheidelbeere als gekochtes Obst, gebacken in Kuchen, Pfannkuchen (mein absoluter Favorit) oder verarbeitet zu Gelee, Wildsaucen oder Sirup. Die Kulturheidelbeere wird meist roh gegessen, im Müsli oder gebacken in Obstkuchen oder Muffins.

→   *roh als Obst, in Smoothies, Desserts, Torten, Kuchen, Eis, Gelees, Sirups, aufgesetzt als Schnaps*

JOHANNISBEERE

Johannisbeeren gehören zur Gattung *Ribes* aus der Familie der *Stachelbeergewächse*. Es gibt rote, champagnerfarbene und schwarze Johannisbeeren, die in ganz Mittel- und Nordeuropa sowie in großen Teilen Russlands und Chinas verbreitet sind. In der freien Natur findet man sie in Wäldern in der Nähe von Bächen und in Bergtälern.

Der Geschmack von roten und weißen Johannisbeeren unterscheidet sich stark von dem der schwarzen Johannisbeeren. Rote Johannisbeeren, die am häufigsten vorkommen, sind eine saure Frucht und werden roh, in Gelees oder als Belag für einfache und ausgefallene Kuchen (Torten) genossen. Schwarze Johannisbeeren werden oft eingekocht und zu *Crème de Cassis*, einem französischen Beerenlikör, oder zu einem alkoholfreien Sirup für Getränke oder Desserts verarbeitet. In Deutschland werden sie gerne zur Herstellung von Aufgesetztem verwendet. Schwarze Johannisbeeren sind reich an Vitamin C, das beim Kochen weitgehend erhalten bleibt.

→ *rote und weiße Johannisbeeren: roh als Obst, Desserts, Torten, Kuchen, Salate, Gelees; schwarze Johannisbeeren: Gelees, Cassis (Sirup oder Likör), Aufgesetzter*

APRIKOSE

Aprikosen wachsen an einem fruchttragenden Baum, eine Art aus der Gattung der Steinfrüchte (Prunus). Ähnlich wie Pfirsiche enthalten die Früchte einen einzelnen Samen, der von einem harten Kern umschlossen ist. Aprikosen haben die Größe eines kleinen Pfirsichs, und ihre Farbe reicht von gelb bis dunkelorange. Ihre Schale kann glatt oder mit sehr feinen, kurzen Haaren bedeckt sein, wodurch sie eine samtige Oberfläche erhält.

Es gibt eine Vielzahl von Geschichten über die Herkunft der Aprikose. Die Türkei ist heute eines der Hauptanbaugebiete mit dem größten Produktionsanteil für Trockenfrüchte, die in Geschäften und auf Märkten in aller Welt erhältlich sind. Um ihre leuchtende Farbe zu erhalten, werden Aprikosen vor dem Trocknen mit Schwefeldioxid behandelt; unbehandelte Früchte sind viel dunkler im Aussehen. Die Vitamine in Aprikosen konzentrieren sich beim Trocknen.

In Deutschland wachsen Aprikosen im Süden mit milderen Temperaturen. Die meisten Früchte, die hier gegessen werden, werden aus der Türkei und Frankreich importiert. Aprikosen werden zur Herstellung von Likör verwendet und sind eine beliebte Frucht für die Sommerbäckerei, wenn sie Saison haben.

→ *roh als Obst, auf gedeckten Kuchen und in Torten, gebacken, gekocht als Kompott, Marmelade, Likör, gebrannt als Schnaps*

PFIRSICH

Pfirsiche wurden bereits 6000 v. Chr. in China gegessen, der kultivierte Anbau begann vor etwa 4.000 Jahren. Von dort gelangten sie über Persien nach Griechenland und wurden schließlich von den Römern nach Mitteleuropa gebracht.

Es gibt eine schöne chinesische Sage, in der die chinesische Göttin *Xiwangmu* drei große Obstgärten mit jeweils 1.200 Pfirsichbäumen anbaut. Die 1.200 Bäume im vorderen Hain haben unauffällige Blüten, kleine Früchte und reifen nur alle 3.000 Jahre, und wer von ihnen isst, wird zu einem Feenwesen mit einem starken, aber leichten Körper. Die Bäume im mittleren Hain haben Doppelblüten, süße Früchte und reifen alle 6.000 Jahre. Wer von diesen kostet, kann in der Luft schweben und wird niemals alt. Die Früchte im hintersten Garten sind lila gemustert und die Kerne blass-gelb. Diese reifen erst in 9.000 Jahren, und diejenigen, die diese essen, werden Himmel und Erde überleben und ebenbürtig zu Sonne und Mond werden. Wenn diese Pfirsiche mal wieder reif sind, lädt *Xiwangmu* die Unsterblichen zu einem großen Mahl ein, sodass sie ihre Lebensenergie auffrischen können.

Die Benediktineräbtissin Hildegard von Bingen war bekannt für ihre medizinischen und naturwissenschaftlichen Schriften. Sie riet denjenigen, die an körperlichen Beschwerden litten, einen unreifen ganzen Pfirsich zu essen, einschließlich seiner Samen und Blätter sowie der Wurzeln, des Harzes und der Rinde des Baumes. Die in den Pfirsichkernen enthaltene Blausäure kann in kleinen Mengen heilend wirken, jedoch in großen Mengen giftig sein.

Pfirsiche werden als rohes Obst verzehrt oder in Konfitüren und Kompotten konserviert. Die Kerne werden verwendet zur Aromatisierung von Spirituosen und zur Herstellung von Persipan, das dem Marzipan ähnelt.

→ *roh als Obst, auf Kuchen, in Torten, eingekocht/konserviert, gekocht als Kompott, Marmelade, Persipan, Chutney, Beilage zu Wildgerichten, aufgesetzt oder gebrannt zu Likör und Schnaps*

SAUBOHNE/ACKERBOHNE

Die Acker- oder Saubohne wird in großem Umfang angebaut. Sie ist eine blühende Pflanzenart aus der Familie der Erbsen- und Bohnengewächse (*Fabaceae*). Trotz ihres ungewissen Ursprungs haben Ackerbohnen – zusammen mit Linsen, Erbsen und Kichererbsen – eine lange Tradition der kulinarischen Verwendung, wie Funde in alten Gräbern im Nahen Osten beweisen. Im Mittelalter gehörte die Ackerbohne mit zu den wichtigsten Nahrungsmitteln, unter anderem weil sie dem rauen und kalten Klima gut standhält. In Deutschland werden Ackerbohnen leider hauptsächlich als Futtermittel angebaut, mit Ausnahme von Regionen im Rheinland und in Westfalen, wo sie mit Speck gekocht werden. Anders als in der französischen Küche schälen die Deutschen die Ackerbohnen nicht, sondern kochen sie einfach länger.

→   *roh in Salaten, gekocht als Beilage, eingemacht/*
     konserviert, getrocknet

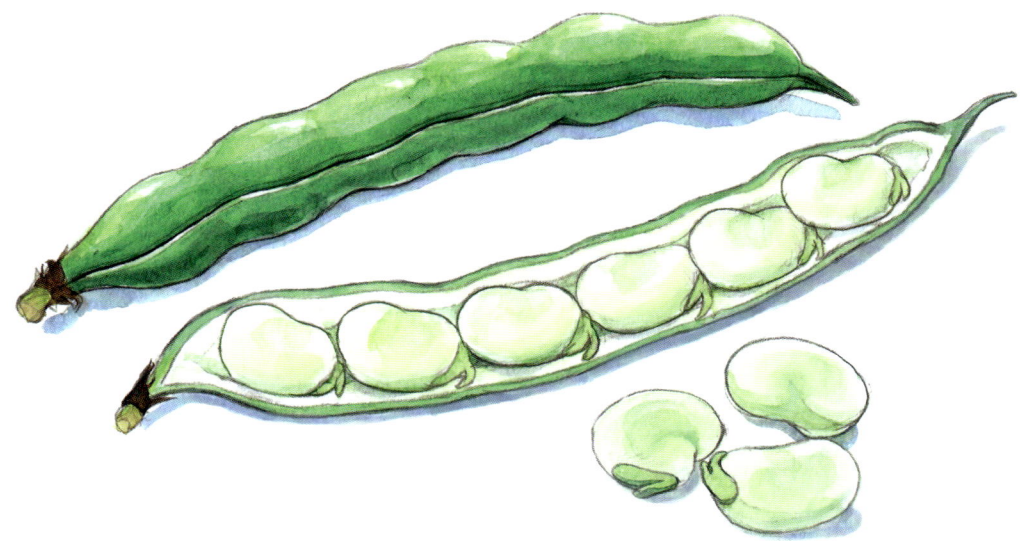

GARTENBOHNE/STANGENBOHNE

Es wird angenommen, dass Garten- oder Stangenbohnen ihren Ursprung in Südamerika und Afrika haben. Diese oft grünfarbigen Bohnen werden auf der ganzen Welt frisch, in Dosen oder tiefgekühlt gekauft und roh, gedünstet, gekocht, gebraten oder gebacken verzehrt. Sie sind eine häufige Zutat in Suppen und Eintöpfen. Bei uns sind im Sommer grüne Stangenbohnen und gelbe Wachsbohnen, die etwas milder im Geschmack sind, weitverbreitet. Reife und sehr große grüne Bohnen werden für einen speziellen Eintopf mit Kartoffeln (Schnippelbohneneintopf) verwendet, für den die Bohnen in sehr feine, diagonale Stücke geschnitten werden.

→   *gekocht als Beilage, in Suppen und Eintöpfen, in*
     Salaten, eingekocht/konserviert, tiefgekühlt

BLUMENKOHL

Blumenkohl gehört wie z. B. Brokkoli, Rosenkohl, Weißkohl und Grünkohl zur Familie der Kreuzblütler (*Brassicaceae*). Ein Blumenkohlkopf besteht aus vielen kleinen Blütenknospen, die, wenn reif, weiß und kompakt werden. Blumenkohl kam im 16. Jahrhundert über Italien und Frankreich nach Europa, wahrscheinlich aus Kleinasien.

Romanesco ist eine ausgefallene hellgrüne Blumenkohlsorte, die in der Nähe von Rom gezüchtet wurde. Dieser farbige Blumenkohl erfreut sich großer Beliebtheit und schmückt die Teller mit seinem leuchtenden Grün. Violette oder orangefarbene Sorten des Blumenkohls werden speziell gezüchtet, um die natürlichen Carotine hervorzuholen.

In Deutschland wird Blumenkohl traditional in einer cremigen Sauce (wie Béchamel) gekocht oder unter einer Schicht aus gerösteten Semmelbröseln mit Käse überbacken serviert. Aufgrund seiner dichten Struktur eignet sich Blumenkohl hervorragend zum Frittieren.

→   *gekocht als Beilage, in Suppen, Eintöpfen und Aufläufen, gebacken oder geröstet, tiefgekühlt*

ZUCCHINI

Die Zucchini ist ein Sommergemüse, das in Art und Größe sehr unterschiedlich sein kann. Vergessen unter ihren großen Blättern kann eine einzelne Frucht bis zu einem Meter lang werden! Je größer sie werden, desto härter wird die Schale. Deshalb werden sie oft geerntet, wenn sie noch jung und nicht voll ausgewachsen sind, also zwischen einer Länge von 15,5 und 20 cm.

Zusammen mit Kürbissen gehören Zucchini zur Art *Cucurbita pepo*. Die Farbe der Schale umfasst ein Spektrum von Grüntönen, hinzu kommen Hybriden in Gelb- und Orangetönen. Zucchini stammen ursprünglich aus Südamerika und kamen nach der Entdeckung der Neuen Welt nach Europa. Sie sind reich an Wasser und Vitaminen und leicht verdaulich. Bittere Zucchini enthalten Bitterstoffe, die in großen Mengen zu schweren Magenproblemen führen können; daher ist es ratsam, die Zucchinis vorher zu testen.

→   *gekocht, gebraten, geröstet, gegrillt oder frittiert als Beilage, tiefgekühlt, in Suppen oder Eintöpfen, roh, sautierte essbare Blüten*

TOMATE

Tomaten, oft mit der mediterranen Tafel assoziiert, wachsen in Deutschland erstaunlich gut. Sie kamen durch den Spanier *Hernán Cortés* im frühen 16. Jahrhundert nach Europa und verbreiteten sie sich schnell. Zunächst wurden sie als Zierpflanze angepflanzt, denn man glaubte, die Früchte seien giftig, da die Tomate zu den Nachtschattengewächsen gehört. Nachdem dieser Mythos ausgeräumt war, wurde die Tomate in ihren vielen Formen und Farben zu einer Standardzutat in der Küche. Weltweit gibt es mehr als 3.000 von Züchtern registrierte Tomatensorten.

Tomaten sind in der Regel rund und haben eine glatte Schale. Sie können aber auch faltig, herzförmig, oval, pflaumen- oder birnenförmig, lang oder gedrungen sein oder eine beliebige Kombination dieser Merkmale aufweisen. Tomaten haben verschiedene Geschmacksrichtungen und werden roh oder gekocht in vielen Saucen, Eintöpfen und Suppen verwendet. Botanisch gesehen gehören sie zu den Beeren, werden aber als Gemüse verwendet.

Ein Teil der Tomaten wird auf offenen Feldern und in Hinterhofgärten auf der ganzen Welt angebaut; die meisten jedoch werden in Gewächshäusern gezüchtet, um die Bevölkerung das ganze Jahr über zu beliefern.

→ *roh als Frucht, in Salaten, auf Brot, gekocht in Saucen, Suppen oder Eintöpfen, gegrillt, eingekocht/konserviert als Tomatenmark und Saucen*

KARTOFFEL

Als vielleicht berühmtestes Wurzelgemüse hat die Kartoffel viele Geschichten zu erzählen. Aus der deutschen Küche ist sie nicht mehr wegzudenken, wo sie fast in jedem Gericht vorkommt. Das ist erstaunlich, denn sie wurde vergleichsweise spät eingeführt.

Die Kartoffelpflanze wurde im frühen 16. Jahrhundert wegen ihrer schönen Blüten und üppigen Blätter als Zierpflanze aus der Neuen Welt bei uns etabliert. Man bewunderte sie in botanischen Gärten, lange bevor sie in der Küche verwendet wurde. Es wird vermutet, dass Ferdinand III. in Nordbayern als Erster Kartoffeln anbaute.

Die Verbreitung hierzulande haben wir insbesondere Friedrich II. (dem Großen) zu verdanken. Denn in seinem Land Preußen, besonders in Brandenburg, gab es schlechte Sandböden. Anfangs wehrten sich die Bauern gegen den Anbau der Kartoffel. Vermutlich probierten sie die aus den Blüten entstehenden ungenießbaren Früchte. Und die Kartoffelknolle aus der Erde schmeckte ihnen ungekocht auch nicht. Und wie sollte eine Pflanze, die über der Erde giftig war, unter der Erde ungiftig sein?

Friedrich der Große erließ 1756 den „Kartoffelbefehl", und jeder Bauer musste unter Androhung von Strafe Kartoffeln anbauen. Es gibt die Geschichte, dass der König Felder mit Kartoffeln von Soldaten bewachen ließ, damit die Bauern dachten: „Was bewacht wird, muss wertvoll sein …" Die Soldaten taten nachts so, als ob sie schliefen, und die Bauern stahlen einige Kartoffeln vom Acker. Letztendlich fanden sie heraus, dass die Knollen doch recht gut schmecken, sofern sie richtig zubereitet, also gekocht werden.

Heute ist die Kartoffel in Nord- und Osteuropa, aber auch in Nord- und Südamerika ein wichtiger Bestandteil der Ernährung und gehört neben Getreide und Reis zu den Grundnahrungsmitteln.

Die Kartoffel wurde erstmals in Peru entdeckt, wobei wilde Arten in ganz Nord- und Südamerika vorkommen. Durch den Export und den Anbau in anderen Ländern gibt es heute weltweit über 5.000 Kartoffelsorten.

Die Kartoffel gehört zu den Nachtschattengewächsen und liefert Knollen, die zum Verzehr gekocht werden müssen, da sie Solanin enthalten, ein Gift, das Magen-Darm- und neurologische Probleme verursacht.

Für die Verwendung in der Küche werden die Kartoffeln im Allgemeinen in mehligkochende und festkochende Sorten unterteilt. Für viele Gerichte ist die eine oder andere Sorte besonders geeignet; Kartoffeln werden aber auch nur wegen ihrer Stärke verarbeitet.

→ *gekocht als Beilage zu Gerichten, in Suppen, Eintöpfen, frittiert als Chips und Pommes frites, gebacken, gegrillt, in Salaten, zu Mehl und Stärke verarbeitet, tiefgekühlt*

ZWIEBEL

Zwiebeln sind mit Knoblauch, Frühlingszwiebeln, Lauch, Schalotten und Schnittlauch verwandt, die alle zur Gattung *Allium* gehören. Die Zwiebel oder gewöhnliche Zwiebel ist ein Gemüse, das weltweit für den menschlichen Verzehr angebaut wird. Zwiebeln sind sowohl gekocht als auch roh beliebt, um herzhaften Gerichten Geschmack und Würze zu verleihen – auch wenn wir bei ihrer Verarbeitung einige Tränen vergießen.

Es ist zwar unklar, ob Zwiebeln eine bestimmte Herkunftsregion haben, aber Vermutungen deuten auf Zentralasien hin. Zwiebeln gehören zu den ältesten Kulturpflanzen, deren Spuren auf eine 5.000 Jahre alte medizinische und kulinarische Verwendung zurückgehen. Nach Nordeuropa kamen sie mit den Römern, obwohl sie in vielen Kulturen schon viel länger gegessen wurden.

Zwiebeln spielen neben Senf und verschiedenen Kräutern eine zentrale Rolle in der deutschen Küche.

→ *gekocht in Saucen, Suppen, Eintöpfen, getrocknet und gemahlen zum Würzen, gebacken, gegrillt, auf Fladenbrot, Pizza, eingelegt, roh in Salaten, geschmort als Grundlage für viele Gerichte*

SPÄTSOMMER

August-September

PFLAUMEN/ZWETSCHGEN

Pflaumen bzw. Zwetschgen gehören zur Gattung *Prunus* in der Familie der Rosengewächse. Karl der Große soll mit ihrem Anbau in Mitteleuropa begonnen haben, und Alexander der Große soll die Pflaume nach Deutschland gebracht haben. Die Pflaumen sind in Deutschland häufiger im Vorkommen als die größeren roten Pflaumensorten. Die kleineren ovalen und dunkelvioletten Früchte haben außerdem ein grünliches Fruchtfleisch, sind fester und etwas trockener, wodurch sie sich leichter entsteinen lassen. Pflaumen eignen sich hervorragend für den Pflaumenkuchen, ein beliebter Saisonkuchen, der von Mitte August bis Ende Oktober serviert wird. Die Früchte schmecken süß-säuerlich und werden getrocknet, roh oder gekocht gegessen, zu Marmeladen und Kompott verarbeitet und zur Likör- und Schnapsherstellung verwendet.

→ *roh als Obst, gebacken in Kuchen, gekocht als Konfitüre, Kompott, Chutney, getrocknet, Saft, Likör, Schnaps*

MIRABELLE

Die Mirabelle, auch als Kirschpflaume bekannt, wurde vermutlich zuerst in Anatolien (Türkei) und heutzutage in Mittel- und Südeuropa sowie in Nordafrika angebaut. Die französischen Region Lothringen meistert 70 Prozent der Weltproduktion. In Deutschland konzentrieren sich die Anbaugebiete auf den Mittelrhein, die Pfalz und Regionen in Bayern. Mirabellen werden häufig zur Herstellung von Likör (Mirabellenbrand) verwendet.

Mirabellen sind kleine, ovale Pflaumen mit glatter Schale und oft rotem oder dunkelgelbem Fruchtfleisch. Sie sind süß und wohlschmeckend und werden gerne roh gegessen oder in Obstkonserven haltbar gemacht. Sie werden von Ende Juli bis Mitte September geerntet und sind häufig in der freien Natur zu finden. Durch Schütteln der Bäume und Sammeln in vorbereiteten Netzen ist die Ernte leicht zu meistern.

→ *roh als Obst, gekocht als Konfitüre, Kompott, gebrannt zu Likör und Schnaps*

BIRNE

Der Birnbaum hat viele Sorten und wird weltweit in Regionen mit gemäßigtem Klima angebaut. Birnen gehören zur Gattung der *Pyrus* in der Familie der Rosengewächse (*Rosaceae*) und sind ein Kern- bzw. Steinobst. Man geht davon aus, dass Birnen ursprünglich aus dem Kaukasus und aus Anatolien (Türkei) stammen und zuerst in China (um 2000 v. Chr.) und später von den Römern angebaut wurden. Birnen enthalten weniger Fruchtsäure als Äpfel, haben aber genauso viel Zucker und schmecken daher viel süßer. Ihr hoher Ballaststoffgehalt macht satt und ist leicht verdaulich.

→ *roh als Obst, in Salaten und Torten, gebacken in Kuchen und Desserts, gekocht als Kompott, als Gewürzbirnen, Chutney oder als Beilagen zu Gerichten, gepresst als Saft, getrocknet, Likör, Schnaps*

APFEL

Es gibt Hunderte von Büchern, die über den Apfel als Frucht mit ernährungsphysiologischen, medizinischen und sogar symbolischen Eigenschaften geschrieben wurden. Die religiöse und mythologische Bedeutung des Apfels erstreckt sich über viele Kulturen, und das Genom eines Apfels ist doppelt so groß wie das des Menschen.

Äpfel gehören zur Gattung *Malus* und stammen ursprünglich aus Zentralasien. Die Apfelbäume wurden von den europäischen Siedlern nach Nordamerika gebracht und verbreiteten sich von dort aus immer weiter nach Westen. Weltweit gibt es über 7.500 Apfelsorten. In Deutschland werden 50–60 Apfelsorten angebaut, was aber nicht die Frage beantwortet, warum nur 7–10 Sorten regelmäßig in der Saison im Supermarkt verkauft werden. Äpfel gehören, wie Birnen und Pflaumen, ebenfalls zur Familie der Rosengewächse.

→ *roh als Obst, gekocht als Konfitüre, Kompott, gekocht und gewürzt als Chutney, gebacken in Kuchen und Desserts, getrocknet, kandiert, gepresst als Saft, gebrannt als Schnaps, Herstellung von Pektin*

PASTINAKE

Pastinaken sind mit Karotten und Petersilie verwandt und haben knollenförmige Wurzeln mit weißer Schale. Man vermutet, dass sie in Europa seit der Antike als Süßungsmittel verwendet wurden, bevor der Rohrzucker eingeführt wurde. In Deutschland werden Pastinaken von Oktober bis zum ersten Frost geerntet.

Der süßlich-würzige, manchmal auch bittere Geschmack ähnelt dem der Petersilienwurzel, nur milder. Die Wurzeln können gebacken, gekocht und zu Cremesuppen und Pürees verarbeitet werden. Pastinaken sind reich an Vitaminen und Mineralstoffen, insbesondere an Kalium. Pürierte Pastinaken werden als Baby-Gemüsebrei in Gläsern verkauft, vor allem wegen ihres geringen Nitratgehalts.

→ *gekocht in Suppen, Eintöpfen, Aufläufen, Gebackenes, Gebratenes*

PAPRIKA

Paprikaschoten können rot, gelb, orange, grün, weiß oder violett sein und variieren stark in ihrer Süße und Schärfe. Botanisch gesehen sind sie eine Frucht, aber die meisten verwenden sie als Gemüse oder Gewürz. Sie gehören zur Art *Capsicum annuum* und sind in Mexiko, Mittelamerika und den nördlichen Teilen Südamerikas heimisch. Paprika wurde im 16. Jahrhundert zusammen mit Tomaten und Kartoffeln nach Europa gebracht und verbreitete sich von dort aus nach Asien.

Im Deutschen wird der Begriff Paprika sowohl für Gemüse als auch für Gewürz verwendet. Deutschland baut in den Sommermonaten Paprika an und importiert sie im Herbst, Winter und Frühjahr aus Ungarn, Spanien, Israel oder niederländischen Gewächshäusern.

→ *roh in Salaten, gebacken, gegrillt, gekocht in Suppen, Eintöpfen, Aufläufen und Saucen, getrocknet, eingelegt und als Gewürz*

FENCHEL

Die gelben Blüten und federartigen Blätter des Fenchels sind ein aromatisches Kraut, im Geschmack ähnlich wie Anis, aber viel milder. Fenchel ist auch ein Gemüse, sobald sich die knackige weiße Knolle entwickelt hat. Die Pflanze hat sich in vielen Teilen der Welt verbreitet, stammt aber vermutlich aus dem Mittelmeerraum, Nordafrika und den Kanarischen Inseln.

Fenchelsamen werden in der Medizin bei Magen- und Verdauungsproblemen eingesetzt. Fencheltee ist einer der beliebtesten Kräutertees der Welt. Die Knollen werden als Beilage gekocht oder gebacken, als Salat serviert oder sind Bestandteil von Eintöpfen, Suppen und Aufläufen. In Indien werden Fenchelsamen zu *Mukhwas* verarbeitet, wo sie mit einer bunten Zuckerschicht überzogen und als Erfrischung nach dem Essen serviert werden. Fenchelpollen sind sehr aromatisch und die kleinen Fenchelblüten eine dekorative und schmackhafte Garnitur. In Kombination mit Anis wird Fenchel auch zur Herstellung von Likören wie Absinth oder Pastis verwendet.

→ *gekocht, gebraten, gebacken als Gemüse als Beilage, in Aufläufen, Suppen, roh in Salaten, als Gewürz, Garnitur, getrockneter Tee, gebrannt als Schnaps*

HOLUNDER

Holunder wächst in den gemäßigten bis subtropischen Regionen und ist in der gesamten nördlichen Hemisphäre verbreitet, wo er wegen seiner Blüten und Beeren angebaut wird. In prähistorischen Zeiten wurden Holunderbeeren sowohl als Nahrungsmittel als auch als Färbemittel verwendet, während das Holz für die Herstellung von Holzbohrern und Flöten genutzt wurde. Holunderbäume und -sträucher haben in Mythen und Aberglauben sowohl eine positive als auch eine negative Symbolik.

Holunderbeeren werden zu Saucen, Sirups und Gelees verarbeitet. Vor allem der Sirup wird auch heute noch in der Medizin als Heilmittel für alle möglichen gesundheitlichen Probleme verwendet, etwa bei Erkältung, Fieber und Bronchitis bis hin zu Bluthochdruck oder Nervosität. Die Beeren sind reich an den Vitaminen A und B und müssen gekocht werden, um schmackhaft zu sein.

→ *gekocht, verarbeitet zu Sirup, Gelee und Likör*

PFIFFERLING

Als erster Pilz im Jahr, mit Ausnahme von Morcheln, erscheint der Pfifferling im August in den Wäldern und auf den Märkten. Er zählt zu den beliebtesten Speisepilzen in Deutschland, besitzt ein Farbspektrum von Weißlich-Gelb bis Orange und hat einen glatten Hut und gegabelte Falten. Pfifferlinge haben ein fruchtiges Aroma und einen leicht pfeffrigen Geschmack. Sie wachsen in Australien, Nord- und Südamerika und in weiten Teilen Europas, wo sie seit dem Altertum gegessen werden.

Wie bei vielen Pilzen kann es schwierig sein, echte Pfifferlinge von anderen Arten zu unterscheiden, die zwar ähnlich aussehen, aber nicht unbedingt essbar und vielleicht sogar giftig sind. Sammle sie nur, wenn du dir absolut sicher bist.

→ *sautiert als Beilage oder Hauptgericht, in Saucen, Omeletts, Soufflés, getrocknet*

KOHL

Kohl wird auf der ganzen Welt angebaut und gegessen, ohne dass es einen eindeutigen Herkunftsnachweis gibt. Einige behaupten, er stamme aus dem Mittelmeerraum, während andere behaupten, er stamme aus Großbritannien und Kontinentaleuropa. Wir lieben unseren Kohl und kochen ihn das ganze Jahr über. Er wird roh als Krautsalat, fermentiert als Sauerkraut oder neuerdings Kimchi sowie gekocht als Beilage (Jägerkohl, Spitzkohl) gegessen. Ganze Blätter werden für Kohlrouladen verwendet. Interessant ist, dass Kohl als Herbst- und Wintergericht wahrgenommen wird, die Saison für frischen Kohl teilweise schon im Juli beginnt. Erntezeit dauert bis November/Dezember.

WIRSING

→ *gekocht als Gemüse, Kohlrouladen*

SCHWARZKOHL

→ *gekocht als Gemüse, gebacken für Kohlchips*

ROTKOHL

→ *gekocht als Gemüse, Kohlrouladen*

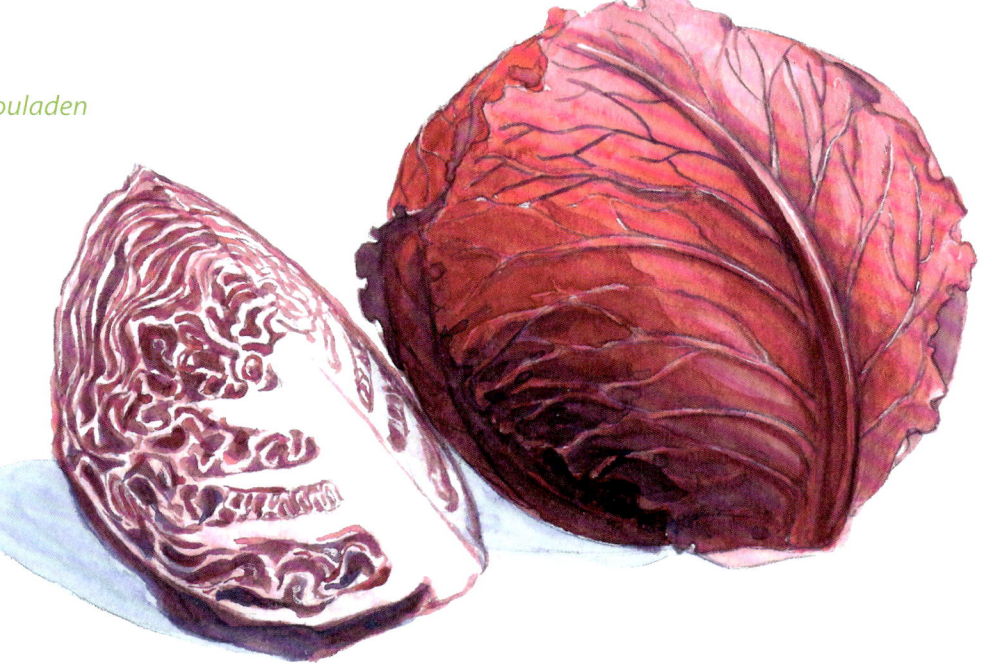

SPITZKOHL

→ *gekocht als Gemüse, Kohlrouladen*

WEISSKOHL

→ *gekocht als Gemüse, Kohlrouladen,*
fermentiert als Sauerkraut, Kimchi

HERBST

Oktober - November

QUITTE

Die Quitte, eine birnenähnliche Frucht, gehört ebenfalls zur Familie der Rosengewächse. Mit ihren dekorativen Blüten und silbrigen Blättern sind die Bäume in der Landschaftsarchitektur beliebt. Quittenbäume stammen ursprünglich aus dem östlichen Kaukasus, der Türkei, dem Iran, Syrien und Afghanistan. In Mitteleuropa werden sie seit dem 9. Jahrhundert, vor allem in Weinanbaugebieten, kultiviert.

Quittensamen werden in der Medizin wegen ihrer Schleimstoffe verwendet, um Husten zu lindern, und in Cremes gegen Hautreizungen.

Die Früchte sind zu hart, um roh verzehrt zu werden, daher werden sie zu Kompott, Gelees und Saucen verkocht. Sie werden auch zur Herstellung von Likören verwendet. Eine Delikatesse in Spanien während der Weihnachtszeit ist Quittenpaste (*Membrillo*), ein im Ofen getrocknetes, eingedicktes Quittenkompott, das in rautenförmigen Stücken von einem Zoll geschnitten wird.

→ *Gelatine, gekocht als Kompotte, Chutney, in Saucen, Quittenpaste, Liköre, Schnaps*

FELDSALAT

Dieses helle Salatblatt hat viele Namen, aber sein lateinischer Name ist *Valerianella*. In Deutschland war es früher das einzige frische Salatgrün, das im Herbst und Winter erhältlich war. Heutzutage sorgt der Anbau in Gewächshäusern dafür, dass Feldsalat das ganze Jahr über verfügbar ist. Die Blätter sind dunkelgrün oder dunkelrot und haben einen nussigen Geschmack.

→ *roh, Salat*

SELLERIEWURZEL

Der Sellerie gehört zur Familie der Karottengewächse (*Apiaceae*) und wird im Mittelmeerraum und in Nordeuropa wegen seiner essbaren Triebe (Stängel) und Wurzeln angebaut. Seine wilde Form wurde im alten Ägypten als harntreibendes und entgiftendes Mittel sowie als Arznei gegen Rheuma genutzt. Die Stängel werden roh oder gekocht verzehrt. In der deutschen Küche ist die Sellerieknolle eine Grundzutat für viele Eintöpfe und Suppen, kann aber auch gerieben und roh als Selleriesalat gegessen werden. In der Pfanne gebraten ist er eine beliebte vegetarische Alternative zum panierten Schnitzel.

→ *roh und geraspelt als Salat, gekocht oder gebacken in Eintöpfen, Suppen, Aufläufen, Püree*

ROTE BETE

Die Rote Bete (*Beta vulgaris*) ist mit der Zuckerrübe und dem Mangold verwandt. Offenbar stammt sie ursprünglich aus dem Mittelmeerraum und kam mit den Römern nach Mitteleuropa. Sie wird wegen der essbaren Wurzeln, Stängel und Blätter angebaut und auch zur Herstellung von Lebensmittelfarben und Medikamenten verwendet. Die rote Farbe ist das Ergebnis einer Züchtung im 19. und 20. Jahrhundert. Beten sind auch in Orange, Rot und Pink meliert sowie Weiß erhältlich. Sie alle werden wegen ihres hohen Gehalts an Vitamin B, Kalium, Folsäure und Eisen geschätzt.

Rote Bete wird gekocht, geröstet, roh und eingelegt verzehrt. Die Blätter können wie Spinat verarbeitet oder auch roh in Salaten verzehrt werden.

→ *roh und geraspelt als Salat, gekocht, gebacken, als Beilage, in Suppen und Eintöpfen, Farbstoff und Lebensmittelfarbe, Saft*

SCHWARZWURZEL

Die Schwarzwurzel gehört zur Familie der Sonnenblumengewächse (*Asteraceae*) und wird als Gemüse angebaut. Die Wurzel stammt vermutlich ursprünglich aus Spanien, wobei Belgien, Frankreich, die Niederlande und Deutschland die weltweit größten Erzeuger sind. Die Wurzeln sind zerbrechlich und verlieren beim Brechen ihre Frische. Sie können bis zum Frühjahr frisch gehalten werden, wenn sie den ganzen Winter über in kühlen, dunklen Wurzelkellern gelagert werden.

Das süßlich schmeckende Fruchtfleisch ist sehr nahrhaft und enthält Proteine, Fette, zahlreiche Vitamine (A, B1, C und E) und Mineralstoffe (Kalium, Kalzium, Phosphor, Eisen, Natrium). Die Schale ist ungenießbar und muss geschält werden. Beachte, dass beim Schälen eine klebrige Milch, die an den Händen klebt, austritt. Also am besten Handschuhe tragen und die geschälten Wurzeln sofort in Salzwasser legen, um eine Verfärbung ins Dunkelgelbe zu verhindern.

Schwarzwurzeln werden gekocht und als Gemüse verzehrt. Sie werden gerne wie Spargel in einer weißen Béchamel-, Senf- oder Hollandaise-Sauce serviert. In Deutschland werden sie auch „Winterspargel" genannt.

→   *sautiert, gebacken als Beilage, gekocht in Suppen und Eintöpfen*

KÜRBIS

Kürbis ist eine vielseitige Gemüseart der Familie der Kürbisgewächse (*Cucurbitaceae*) und etwa mit Zucchini verwandt. Es gibt Hunderte Arten von Speisekürbissen, die auf der ganzen Welt angebaut werden. Kürbisse haben in der Regel eine runde Form, eine glatte, dicke Schale mit Farben von Weiß und Gelb bis hin zu Orange- und Grüntönen, mit oder ohne Muster oder Streifen. Das Kerngehäuse enthält Fruchtfleisch und Kerne, die in der Regel entfernt und separat gegessen werden.

Kürbisse sind in Nord- und Südamerika beheimatet und wurden bereits 5000 v. Chr. angebaut. Heute werden sie kommerziell als ein Lebensmittel und zur Dekoration angebaut und sind fast ein Symbol für die Herbstzeit geworden, mit Festen wie Halloween und Thanksgiving.

Wie auch im Falle der Zucchini sollten bitter schmeckende Kürbisse nicht gegessen werden, da sie das Gift *Cucurbitacin* enthalten, welches für Magen und Darm schädlich sein kann.

Kürbisse enthalten viel Beta-Carotin und Vitamin A. Die Verwendungsmöglichkeiten in der Küche sind vielfältig.

→ *gekocht in Suppen, Eintöpfen, Aufläufen, gebacken in Kuchen, Torten, getrocknete Samen, verarbeitet zu Öl, sautierte essbare Blüten*

TOPINAMBUR

Die Topinambur stammt ursprünglich aus Zentral-nordamerika und wird dort als Wurzelgemüse angebaut. Frühe europäische Kolonisten lernten diese Knolle von den amerikanischen Ureinwohnern als Nahrungsquelle kennen und schickten die Knollen nach Frankreich und Italien, wo sie Sonnenblumenartischocke (*girasole articiocco*) genannt wurde. Die Pflanze gehört zur Familie der Korbblütler (*Asteraceae*). Im 19. Jahrhundert war sie sowohl als Nahrungs- als auch als Futtermittel von Bedeutung. Die Knolle ist nicht so stärkehaltig wie eine Kartoffel, enthält aber einen hohen Anteil an Inulin, einem heilenden Ballaststoff für Verdauungsprobleme, Diabetes oder Gewichtsverlust.

→ *roh und geraspelt als Salat, gebacken oder geröstet, gekocht in Suppen oder Eintöpfen, Likör*

MEERRETTICH

Meerrettich wird weltweit als Gewürzwurzel angebaut und verwendet. Er ist eine Pflanze aus der Familie der *Brassicaceae* (zu denen auch Senf, Wasabi, Brokkoli, Kohl und Rettich gehören). Meerrettich war bereits in der Antike bekannt und stammt vermutlich aus Rumänien. Es wird vermutet, dass die Slowenen ihn nach Mitteleuropa gebracht haben. In Mitteleuropa, Ostrussland und der Ukraine ist der Meerrettich noch in seiner wilden Form zu finden.

In deutschen Regionen ist der Meerrettich seit dem Mittelalter bekannt, wo er zunächst als Heilmittel und erst später als Gewürz bekannt wurde. Bevor der Pfeffer weitverbreitet war, waren Meerrettich und Senf die einzigen scharfen Gewürze in der deutschen Küche. Ungeschält und als Ganzes riecht die Meerrettichwurzel nicht, aber wenn sie geschnitten und geschält wird, verströmt sie einen stechenden und scharfen Geruch. Getrocknet oder gekocht verliert die Wurzel ihren Biss.

Meerrettich ist reich an den Vitaminen C, B1, B2 und B6 und Mineralien wie Kalium, Kalzium, Magnesium, Eisen und Phosphor.

→ *frisch gerieben oder geraspelt, konserviert als Paste, Gewürz*

ROSENKOHL

Rosenkohl gehört zur Familie der Kohlgewächse (*Brassica oleracea*) und wird als Gemüse angebaut. Die ersten Belege für den Anbau von Rosenkohl stammen aus dem Jahr 1587 aus den damaligen Spanischen Niederlanden, einem Teil des heutigen Belgiens, der auch den englischen Namen der Hauptstadt trägt (*Brussel Sprouts*). Im 16. Jahrhundert wurde das Gemüse in den Niederlanden sehr beliebt und verbreitete sich schließlich in den anderen Teilen Nordeuropas. In den Vereinigten Staaten begann der großflächige Anbau des Rosenkohls im 18. Jahrhundert, als französische Siedler die Pflanze nach Louisiana brachten. Seit den 1920er-Jahren wird Rosenkohl in großen Mengen auf mehreren Tausend Hektar an der kalifornischen Zentralküste angebaut. In Europa wird Rosenkohl hauptsächlich in den Niederlanden, Deutschland, Frankreich und dem Vereinigten Königreich angebaut.

Rosenkohl wird als Gemüse gekocht oder gegrillt, warm oder kalt verzehrt. Er enthält Vitamine (A, B2 und C) und Ballaststoffe. Wie bei anderen Kohlsorten kann es bei großem Verzehr zu unangenehmen Begleiterscheinungen wie Blähungen kommen.

In Deutschland wird Rosenkohl gekocht oder geröstet und als Beilage serviert, oft mit Kartoffeln und Fleisch.

→ *gekocht oder geröstet als Beilage oder Salat, gebacken in Aufläufen*

PETERSILIENWURZEL

Die Petersilienwurzel stammt aus dem mittleren und östlichen Mittelmeerraum. Sie ist eine blühende Pflanzenart aus der Familie der *Apiaceae* und wird als Kraut wie auch als Gemüsewurzel kultiviert. Die Wurzelpetersilie ist in der deutschen und europäischen Küche weitverbreitet, wo sie als Gemüse in Suppen, Eintöpfen und Aufläufen sowie als Zutat für Brühe verwendet wird.

→ *gekocht in Suppen, Eintöpfen, Brühen, geröstet als Beilage und in Aufläufen, frisches Kraut für Salate, Suppen, Kartoffelgerichte, Saucen*

PILZE

Pilze bilden neben den Tieren und Pflanzen das dritte große Reich der eukaryotischen Organismen. Wie Pflanzen wachsen sie an einem Ort, können aber im Gegensatz zu ihnen keine Fotosynthese betreiben. Sie ernähren sich wie Tiere durch die Aufnahme von organischen Stoffen, die sie aus ihrer Umgebung aufnehmen.

Viele Pilze sind als Nahrungsmittel bekannt und beliebt. Es gibt nicht kultivierbare Arten wie zum Beispiel Steinpilze und Pfifferlinge und kultivierte Arten wie Shiitake und Austernpilze. Das Sammeln von Wildpilzen erfordert Wissen und ein geschultes Auge, denn viele Pilze sind hochgiftig und sehen sich täuschend ähnlich. Viele Pilze enthalten Hämolysine oder andere Giftstoffe, die nur durch Hitze zerstört werden. Die meisten Speisepilze müssen daher vor dem Verzehr gekocht oder gebraten werden, um Verdauungsstörungen oder Vergiftungen zu vermeiden.

In der deutschen Küche haben Pilze ihren Platz in traditionellen Rezepten: in cremigen Saucen zu Fleisch- oder Nudelgerichten, in der Pfanne mit Zwiebeln gebraten und mit einer Scheibe herzhaftem Brot gegessen oder als Füllung in Omeletts. Im Herbst gehen viele Bürger auf Pilzsuche und genießen die Funde pur, in Butter und mit etwas Petersilie gebraten. Leider fordern giftige Pilze jedes Jahr das Leben übereifriger Pilzsammler und vernichten mit einem einzigen Fehler sogar ganze Familien. Sammle also mit Vorsicht!

Typische Zuchtpilze sind Champignons, Austernpilze und Trompetenpilze. Unter den Wildpilzen gibt es Steinpilze, Pfifferlinge, Parasole, Morcheln, Birkenpilze, Trompetenpilze oder Blumenkohlpilze.

→ *sautiert mit Zwiebeln als Pilzpfanne oder Beilagen, in Saucen, Omeletts, Eintöpfen*

STEINPILZ

SAITLING

BIRKENPILZ

WINTER

Dezember - Februar

GRÜNKOHL

Grünkohl gehört zur Familie der Kreuzblütler und ist ein typisches Wintergemüse. Er war eine der ersten Kohlsorten, die sich schon früh auf dem eurasischen Kontinent ausbreitete und dann von den Spaniern, Portugiesen, Briten und Holländern auf dem amerikanischen Kontinent eingeführt wurde. Der heute kultivierte Grünkohl stammt vom Wildkohl ab, der noch heute in den Mittelmeerländern und entlang der europäischen Atlantikküste wächst.

Man geht davon aus, dass sich die im Grünkohl enthaltene Stärke bei Frost in Zucker umwandelt, weshalb Grünkohl vor allem im Winter gekocht wird. Grünkohl und andere Blattkohlsorten haben den höchsten Beta-Carotin-Gehalt aller Lebensmittel und sind reich an Vitamin C und K, wenn sie roh verzehrt werden, was in Deutschland allerdings selten der Fall ist. Hierzulande wird Grünkohl in der Regel fein gehackt, mit geräucherter Wurst oder Fleisch lange gedünstet und mit Kartoffeln gegessen. Es ist ein schweres Gericht, das in vielen Regionen des Landes noch immer gefeiert und genossen wird.

→ *gekocht als Gemüse, in Suppen und Eintöpfen, geröstet*

PORTULAK

Der Winterportulak gehört zur Gattung *Claytonia* innerhalb der Familie der Frühlingskräuter (*Montiaceae*). Er stammt aus dem Westen Nordamerikas und ist in Mittel- und Westeuropa eine relativ neue Pflanze. Er ist ein schmackhaftes und frostsicheres Gemüse, das lokal angebaut wird und im Winter frische grüne Blätter auf den Tisch bringt, die reich an Vitamin C, Magnesium, Kalzium und Eisen sind.

→ *Salat*

HAGEBUTTE

Die Hagebutte, die Frucht der Wildrose, wächst in Europa und Asien an Sträuchern und Hecken. Mit einem sehr hohen Vitamin-C-Gehalt wird sie getrocknet in Form von Tee zur Behandlung von Erkältungen eingesetzt oder ist als Nahrungsergänzungsmittel in Pulverform erhältlich. Die Früchte sind in der Regel rot bis orange gefärbt, einige Arten können aber auch dunkelviolett bis schwarz sein.

Hagebutten können roh verzehrt werden, nachdem die Samen entfernt wurden. Je später sie gepflückt werden, desto süßer sind sie. Hagebutten bleiben den ganzen Winter über an den Sträuchern hängen und können auch bei starkem Frost genossen werden.

→ *gekocht als Konfitüre, Gelee, Sirup, getrocknet als Tee und Pulver, Aufgesetzter, Essig oder Schnaps*

SCHLEHE

Der Schlehdorn, auch bekannt als Schlehe, wächst oft an den Rändern von Wäldern und Wiesen. Bei Ausgrabungen alter steinzeitlicher Siedlungen wurden Schlehdornsamen gefunden, ein Beweis, dass sie schon vor langer Zeit wegen ihrer nahrhaften und gesunden Eigenschaften gesammelt wurden.

Die Schlehe gehört zur Familie der Rosengewächse und ist gewissermaßen die Urgroßmutter der Pflaume. Im Frühjahr fallen ihre weißen Blüten auf. Die Beeren erscheinen ab Oktober und werden in der Regel nach dem ersten Frost im November geerntet, da die Kälte den Gehalt an natürlichen Gerbstoffen verringert. Diese Gerbstoffe sind unverkennbar, wenn man die Beeren roh vom Baum isst: Sie schmecken sehr sauer und bitter, obwohl sie genauso viel Zucker wie Äpfel enthalten. Die Gerbstoffe überdecken diese Süße und werden erst mit der Zeit langsam abgebaut. Daher empfiehlt es sich, die Beeren nach dem Pflücken 1–2 Wochen lang ruhen zu lassen.

→ *gekocht als Konfitüre, Gelee, Sirup, getrocknet als Tee und Pulver, Aufgesetzter, Essig oder Schnaps*

TAKE A WALK ON THE WILD SIDE
Unser wildes Erbe

Wenn du die sieben Kräuter des Frühlings sammelst
und isst, wird dein Geist sanft.

Masanobu Fukuoka,
The One-Straw Revolution

Hier stelle ich ein paar gängige Wildkräuter der modernen deutschen Küche vor. Vielleicht kennst du sie nicht oder hast sie bisher als Unkraut abgetan, aber sie wachsen in ganz Deutschland, Mittel- und Nordeuropa und in anderen Ländern mit ähnlichen Klimazonen.

In diesem Kapitel stelle ich ein paar meiner Lieblingsfleischgerichte vor, die meiner Meinung nach sowohl geschmacklich als auch optisch eine elegante Mahlzeit darstellen.

Eine Auswahl von Wildkräutern

BÄRLAUCH

Allium ursinum ist ein wilder Verwandter des Schnittlauchs, dessen Grün in deutschen Wäldern als Erstes, im März und April, aus dem Boden sprießt. Der Name leitet sich vom großen Appetit des Braunbären auf die Zwiebeln ab. Bären und auch Wildschweine graben dabei den Boden um, bis sie die Blätter einfach herausziehen können.

!Achte darauf, Bärlauch nicht mit den ähnlich aussehenden, aber giftigen Maiglöckchenblättern zu verwechseln.

Nach den langen Wintermonaten mit oft ärmlichen Kräutern aus dem Gewächshaus ist dies eine der ersten wilden Köstlichkeiten der Natur. Wasch den Lauch gründlich. Bärlauch ist als Pesto – mit Olivenöl, Zitrone, Nüssen, Salz und Pfeffer verarbeitet – herrlich lecker. Du kannst es auch fein geschnitten in Suppen oder Eintöpfe geben oder über alle möglichen Gerichte streuen.

→ *Pesto, Suppen, Eintöpfe*

TAUBNESSEL

Die Taubnessel ist in Europa und Asien und inzwischen auch in Nordamerika verbreitet. Bei der Taubnessel handelt sich nicht um eine Brennnesselart; die Blätter haben einen milden, leicht grasigen Geschmack, die Blüten sind etwas süßer. Sowohl die Blätter als auch Blüten sind eine köstliche und dekorative Bereicherung für Salate, Suppen, Pestos und Saucen.

→ *Salate, Kräuterbutter, Pesto, als Zusatz zu Gemüse, in Suppen, frische Garnitur*

GÄNSEBLÜMCHEN

Medizinisch wird das Gänseblümchen bei Erkältungen, Prellungen und Hautausschlägen eingesetzt. Die essbaren Blüten eignen sich für Salate oder Kräuterbutter und sind immer eine liebliche Garnitur.

→ *Salate, Kräuterbutter, frische Garnitur*

LÖWENZAHN

Löwenzahn ist eine der gängigsten essbaren Wildpflanzen. Alle Teile können gegessen werden, wobei Blätter, Blüten und Wurzeln reichlich Vitamine, Mineralien und Antioxidantien liefern. Sie enthalten Kalzium, Eisen, die Vitamine A, C und K sowie wichtige Mineralstoffe wie Kalium, Folsäure und Magnesium.

Die Blätter und Blüten des Löwenzahns können roh in Salaten oder gekocht in Gemüse verwendet werden. Beides ist köstlich und schmeckt leicht bitter. Diese Bitterkeit nimmt mit zunehmender Reife zu, weshalb du sie später im Jahr am besten mit anderen Gemüsesorten mischst. Die Blüten liefern eine wunderschöne essbare Garnitur. Löwenzahn ist von März bis Ende Oktober auf den Feldern zu finden und blüht zweimal im Jahr, von April bis Mai und von Juli bis August.

→ *Salate, Suppen, Sirup (Blüten)*

BRENNNESSEL

Die Brennnessel wird oft als schädliches Unkraut abgetan, weil sie wild und hoch wächst und weil die Härchen auf ihren Blättern ein brennendes Gefühl auf der Haut verursachen. Doch gleichzeitig ist die Brennnessel eine der nahrhaftesten Wildpflanzen, die es gibt. Reich an Vitaminen, wird sie seit Jahrhunderten zur Behandlung von Ekzemen, Arthritis, Gicht und anderen Krankheiten eingesetzt. Sie hat starke stoffwechselfördernde und entwässernde Eigenschaften. Die Samen können im Sommer gesammelt werden und sind reich an Eiweiß und Vitamin C. Karamellisierte Brennnesselsamen sind eine ungewöhnliche und köstliche Zutat in wilden Sommersalaten oder auf süßen Desserts. Du kannst die Blätter trocknen und als Tee verwenden, der dabei hilft, überschüssige Wassereinlagerungen aus dem Körper zu schwemmen, und somit gewichtsreduzierende Effekte fördert.

!Trag lange Hosen und langärmelige T-Shirts bei der Ernte und Verarbeitung von Brennnesseln.

→   *Suppen, Salate, Pesto, karamellisierte Samen in*
    Salaten und Desserts, getrocknet als Tee

GIERSCH/GEISSFUSS

Der Giersch ist mit Möhrengewächsen verwandt und wächst gerne in schattigen Gegenden. Giersch ist in Europa heimisch und hat sich als Zierpflanze weltweit verbreitet; er wird gleichzeitig oft als invasives Unkraut gesehen. Die zarten Blätter werden seit dem Mittelalter als spinatähnliches Gemüse verwendet, das gekocht oder in Suppen verarbeitet wird. Giersch wächst in Deutschland bereits ab März und wird am besten kurz vor der Blüte (Mai–Juni) geerntet. Nach der Blüte wird er bitter und hat eine abführende Wirkung.

→   *Salate, Suppen, Kräuterbutter, Aufstriche*

WALDMEISTER

Waldmeister ist eine mehrjährig blühende Pflanze, die in Europa, Westsibirien, der Türkei, Iran, China und Japan heimisch ist. Waldmeister wird wegen des duftenden Laubs kultiviert. Die süß duftende Pflanze wächst als Bodendecker und bevorzugt Halb- bis Vollschatten in feuchten, nährstoffreichen Böden. In Deutschland ist sie häufig in Wäldern und an Waldwegen zu finden. Im späten Frühjahr, wenn die Bäume üppig grün werden, ist der Geruch des Waldmeisters in den Wäldern unverkennbar. Sein süßlicher Duft stammt vom *Cumarin*, einem kristallinen Feststoff, der ähnlich wie Vanille riecht. *Cumarin* ist in zahlreichen Pflanzen enthalten und ein natürliches Abwehrmittel vor Schädlingen.

→ *Maiwein/Bowle, Sirup, Potpourri,*
   Mottenschutzmittel

KNOBLAUCHSRAUKE

Die in Europa und Nordamerikas vorkommende Knoblauchsrauke ist bekannt dafür, gut für das Herz zu sein sowie Gewicht und Cholesterinspiegel zu balancieren. Die Blüten blühen von Mai bis Juni und können gehackt und in Salate gemischt werden. Die Blätter werden in den ersten Frühlingswochen gesammelt und können roh in Salaten oder gekocht verzehrt werden. Sie werden bitter, sobald es warm wird.

→ *Salate, Suppen, Kräuterbutter, Aufstriche, Pesto,*
   als Gewürzkraut

KLEINER SAUERAMPFER

Der Sauerampfer ist in Europa und Asien beheimatet und hat sich inzwischen auch in den nördlichen Vereinigten Staaten verbreitet. Sauerampferblätter sind roh besonders lecker, denn sie haben eine angenehm zitronige Note. Sauerampfer enthält die Vitamine C, B, D, E, K sowie Beta-Carotin, Magnesium, Phosphor und Kalium.

→ *Salat, Suppe, Frankfurter Grüne Sauce, Kräuter-*
   butter und -quark, Pesto

VOGELMIERE

Die Vogelmiere ist eine blühende Pflanze, die ursprünglich aus Europa stammt, inzwischen aber auf der ganzen Welt zu finden ist. Wie viele andere essbare Kräuter wird sie oft als Unkraut behandelt, obwohl sie eine nützliche Heilpflanze mit schmerzlindernden Eigenschaften ist. Vogelmiere enthält viel Vitamin C und ist eine frische, wohlschmeckende Ergänzung für jeden Wildkräutersalat.

→ *Salat, Kräuterbutter und -quark, Pesto*

BORRETSCH

Borretsch bietet eine wunderbare Vielfalt an kulinarischen Verwendungsmöglichkeiten. Die Blätter, Stängel, Knospen und Blüten können für Suppen, Risotto oder Nudelsaucen benutzt werden und sind eines der traditionell verwendeten Kräuter für die Frankfurter Grünen Sauce. Die zarten und schönen blauen Blüten des Krauts sind die perfekte essbare Dekoration für so ziemlich alles, was man sich vorstellen kann.

→ *Salate, Frankfurter Grüne Sauce, Brotaufstriche, gekocht als Gemüse in Saucen und Risotto, Blüten als essbare Garnitur*

MALVE

Alle Teile der Malve sind essbar und liefern eine hervorragende Quelle für die Vitamine A und C sowie für Kalzium und Eisen. Die Blätter und Blüten können in Salaten verwendet werden, die Früchte eignen sich zur Verarbeitung zu Kapern, und die Blüten sind eine wunderschöne essbare Garnitur und erfreuen das Auge in lilafarbenen, weißen, gelb-weißen, cremefarbenen und pinken Nuancen. Die gekochten Blätter bilden einen Schleim, der dem von Okras ähnelt und wohltuend für die Magenschleimhäute ist. Sie haben einen milden Geschmack und eignen sich gut als Verdickungsmittel für Suppen und Eintöpfe. Getrocknete Malvenblätter können als Tee aufgegossen werden.

→ *Salat, Kräuterbutter, Pesto, Suppen, Eintöpfe, Tee, zum Dekorieren*

SPITZWEGERICH

Spitzwegerich ist reich an den Vitaminen A, C und K und trägt zur allgemeinen Gesundheit bei. Die Pflanze wird zur Behandlung von chronischem Durchfall und Störungen des Verdauungstrakts eingesetzt. Die frischen Blätter, gehackt oder geschnitten, können direkt auf die Haut gelegt werden, um kleinere Verbrennungen, Insektenstiche oder offene Wunden zu behandeln. Die jungen, zarten Blätter und Blüten können roh verzehrt werden und schmecken köstlich in Salaten.

→ *Salate, Frankfurter Grüne Sauce, Pesto*

MELDE

Zahlreiche Meldesorten sind essbar und werden schon lange in der Küche verwendet. Die Melde wird heute in Gärten kultiviert (Gartenmelde) und ist immer noch in der freien Natur zu finden. Sie enthält einen hohen Anteil an Vitamin E, die Samen enthalten Vitamin A und schmecken köstlich im Müsli oder leicht karamellisiert in Salaten. Es gibt grüne und rote Sorten. Beide haben schmackhafte Blätter, die wie Spinat gekocht oder roh als Pesto oder in Salaten verwendet werden können.

→   *Salate, Kräuterbutter, Pesto, Suppen, Eintöpfe, karamellisierte, rohe oder getrocknete Samen*

BIBLIOGRAFIE

Albert, Steve, "Peach Varieties", "Harvest to table – plant, prepare, preserve",
2016-2020, Harvest To Table,
<https://harvesttotable.com/peach_varieties_there_are_more/>

AMS Autoren, „Das große Buch der Hildegard von Bingen,
Bewährtes Heilwissen für Gesundheit und Wohlbefinden",
© Komet Verlag GmbH, Köln

Autor/-in unbekannt, "German Foods"
German Foods North America, LLC, © 2002-2020,
<https://germanfoods.org/recipes/cinnamon-stars-german-christmas-co-
okies/>

Autor/-in unbekannt, „Lecker.de/Kochen & genießen" 43/2008,
„Schweizer Früchtebrot", © Lecker.de
<https://www.lecker.de/schweizer-fruechtebrot-15965.html>

Autor/-in unbekannt, „Die Geschichte des Weihnachtsgebaecks",
© Schmitz-Nittenwilm
<https://schmitz-nittenwilm.de/die-geschichte-des-weihnachtsgebaeck/>

Autor/-in unbekannt, „Warum du öfter Brennnesseltee trinken solltest",
© Kostbare Natur

Better Homes & Gardens, "Plant Encyclopedia", © Copyright 2020 Meredith
Corporation, <https://www.bhg.com/gardening/plant-dictionary/>

Child, Julia, Bertholle, Louisette and Beck, Simone,
"Mastering the Art of French Cooking",
© 1961, 1983, 2001 by Alfred A. Knopf

Elmlid, Malin, "The Bread Exchange",
@ Prestel Verlag, München-London-New York, 2015

Fleischbauer, Guido, Guthmann, Jürgen, Spiegelberger, Roland,
„Essbare Wildpflanzen, 200 Arten bestimmen und verwenden",
AT Verlag, 19. Auflage, 2017 © 2007

Fresco, Louise O. "Hamburgers in Paradise, the stories behind the
food we eat", English translation,
© 2015, by Princeton University Press

FreshMag, "Damson and plums: what's the difference",
© Liebherr-International Deutschland GmbH,
<https://blog.liebherr.com/appliances/uk/food/damsons-and-plums-
whats-the-difference/>

Fukuoka, Masanobu,
"The One-Straw Revolution: An Introduction to Natural Farming",
© NYRB Classics, 2009, first published in English by Rodale Press, 1978

Greiner, Karin,
„Bäume in Küche und Heilkunde", 2. Auflage, 2018,
© 2017 AT Verlagm Aarau und München

Hamm, Birgit und Schmidt, Linn,
„Heimweh Küche, Lieblingsessen aus Omas Küche",
© 2010, Dorling Kindersley Verlag GmbH, München

Heinermann, John,
"Heinerman's Encyclopedia of Fruits, Vegetables and Herbs",
© 1988 by Parker Publishing Company, Inc.

Licher, Horst,
„Die Lust am Kochen!", © 2015 Gräfe und Unzer GmbH, München

Mangold, Matthias F.,
„Deutsche Küche, Neu Entdeckt", © 2015 Gräfe und Unzer GmbH,
München

Marti, Oskar, „Frühling in der Küche", zweite Auflage 2011,
© AT Verlag, Aarau, Schweiz
Marti, Oskar, „Herbst in der Küche", zweite Auflage 2011,
© AT Verlag, Aarau, Schweiz
Marti, Oskar, „Sommer in der Küche", zweite Auflage 2011,
© AT Verlag, Aarau, Schweiz
Marti, Oskar, „Winter in der Küche", zweite Auflage 2011,
© AT Verlag, Aarau, Schweiz

McFadden, Joshua, "Six Seasons",
© 2017 Joshua McFadden and Matha Holmberg,
published by Artisan, (Workman Publishing Co, Inc.)

McGavin, Jennifer, "the Spruce Eats",
traditional German Meat Dishes for Chicken, Beef and Pork,
20 August 2020, © the Spruce Eats
<https://www.thespruceeats.com/easy-german-main-dishes-
with-1447021>

MedicineNet, "Blackberry", ©1996-2020 MedicineNet, Inc.,
<https://www.medicinenet.com/blackberry/supplements-
vitamins.htm>

Hans Misdorf, „Wie kam die Kartoffel nach Deutschland?",
© Der Weg, Portal für Deutschlernende
<https://derweg.org/deutschland/geschichte/kartoffel/>

One Etymology Dictionary, "raspberry", © 2001-2020 Douglas Harper,
<https://www.etymonline.com/word/raspberry>

Peter, Peter, „Kulturgeschichte der deutschen Küche", 3. Auflage, 2014,
© Verlag C.H.Beck oHG, München 2008

Radio & TV, Hein Lühs, Anette Röttger, „Birnen – süß und gesund",
© Norddeutscher Rundfunk,
<https://www.ndr.de/ratgeber/gesundheit/Birnen-suess-und-gesund,
birnen107.html>

RHS, "raspberries", © The Royal Horticultural Society 2020,
<https://www.rhs.org.uk/advice/grow-your-own/fruit/raspberries>

Rossmer Gropmann, Gabriele and Gropmann, Sonya,
"The German-Jewish Cookbook, Recipes & History of a Cuisine",
© 2017 Brandei University Press

RxList, "Elderberry", © 2020 by RxList Inc.,
<https://www.rxlist.com/elderberry/supplements.htm>

Sälzer, Sabine und Ruschitzka, Gudrun, „Die echte deutsche Küche",
© 1993 Gräfe und Unzer GmbH, München

Schubeck, Alfons, "The German Cookbook",
© 2018 Phaidon Press Unlimited, © ZS Verlag GmbH 2017

Siebeck, Wolfram, „Deutsche Klassiker, 10 Spitzenköche zu Gast",
© DIE ZEIT - Edition im Höler Verlag, 2005

Siggi, „Einfach backen/Süsse Adventszeit",
© MFI Meine Familie und Ich Verlag GmbH,
<https://www.einfachbacken.de/rezepte/stutenkerle-ganz-einfach-
selbermachen>

Slowfood Deutschland e.V., „Arche des Geschmacks", © Slowfood,
<https://www.slowfood.de/was-wir-tun/arche_des_geschmacks>

Stockes, Christopher, "Forgotten Fruits, the stories behind Britain's
traditional fruit and vegetables", published by Windmill Books 2009,
© Christopher Stocks, 2008

Tasteatlas, "Top 8 most popular tomatoes in the world", 18 August, 2020,
© 2020 AtlasMedia Ltd. (EU),
<https://www.tasteatlas.com/most-popular-tomatoes-in-the-world>

Teubner, Christian, „Backvergnügen wie noch nie", 16. Auflage, 1987,
© Gräfe und Unzer University of North Carolina Plant Information Center,
" Botanical Dictionary",
<https://www.ibiblio.org/pic/botanical_dictionary.htm>

Washington Apple Commission, "Apple Varietals",
© Washington Apple Commission
< https://bestapples.com/varieties-information/varieties/#>

Weaver, William Woys, "Heirloom Vegetable Gardening, a master garde-
ner's guide to planting, seed saving, and cultural history",
© 2018 Quarto Publishing Group USA Inc.

Wikipedia, "List of tomato cultivars",
<https://en.wikipedia.org/wiki/List_of_tomato_cultivars>

Wollter, Annette, „Backvergnügen wie noch nie", 16. edition, 1987,
© Gräfe und Unzer

Virginia Woolf, „Ein eigenes Zimmer",
© Fischer Taschenbuch Verlag, Frankfurt am Main 2012, S. 21

Zak, Zusa, „POLSKA, die neue Polnische Küche", Deutsche Erstausgabe,
© 2017 Knesebeck GmbH & Co. Verlag, München

REZEPTREGISTER

ÜBER

KIT SCHULTE
Autorin, Chef

Kit Schulte arbeitet als Projektmanagerin, Inhaltsentwicklerin und Kuratorin in den Bereichen Kunst, Kultur, Literatur, Gastronomie und Esskultur und lebt in Berlin. Durch einen über 16-jährigen Aufenthalt in San Francisco und fortlaufende längere Reisen in die USA hat ein stark geprägtes bikulturelles Denken ihre kreative Arbeit bereichert. Als Liebhaberin von Natur, Kochen und Essen und der Kunst ist es ihr Anliegen, agile Denker aus allen Lebensbereichen für gute Gespräche und einen bereichernden Austausch um den Tisch zu versammeln – immer begleitet von köstlichem Essen. Das ist für sie ein optimaler Weg, um Freude, Inspiration und Schönheit im Leben zu erschaffen, zu finden und weiterzugeben.

Sich Fragen darüber zu stellen, woher unsere Lebensmittel kommen oder warum und wie sich eine Esskultur ändert, war für Kit schon immer ein inspirierender Aspekt, weshalb sie sich dem Thema detailliert widmet. Ebenso wichtig sind für sie Anbau, Ernte und Einkauf von Lebensmitteln, das Kochen selbst, das Servieren und das Genießen einer kulinarischen Erfahrung. Ihre Überzeugung, dass unsere natürliche Welt in ihrer biologischen Vielfalt durch intelligente und nachhaltige Landwirtschaft erhalten werden muss, nährt ihr Bedürfnis, Esskultur als Kulturgut in Vergangenheit, Gegenwart und Zukunft zu erforschen, und bleibt für sie ein dauerhaftes Anliegen.

NORA NOVAK
Fotografin

Nora Novak ist eine gebürtige kroatische Dokumentarfotografin mit Wohnsitz in Berlin. Sie wuchs in einem Familienrestaurant im Rheinland auf und hat somit eine natürliche Leidenschaft und ein Talent für gastronomische Fotografie. Noras grundlegende Neugier auf Leben und Kultur vertieft ihr Wissen und ihr Verständnis von narrativer Fotografie, wobei Menschen und Essen ihre Lieblingsthemen sind. Nach ihrer Ausbildung in Marketing und Kommunikation zog sie 2012 zurück in ihre Heimatstadt Dubrovnik und begann, dort als Fotografin zu arbeiten. Anschließend kehrte sie nach Deutschland zurück und schloss 2018 ihren BA in Photography an der University of Applied Sciences Europe ab.

Als Fotografin ist es ihr wichtig, Geschichten zu erzählen, die zeigen, wie das Leben einst war und wie wichtig es ist, an vergangene Traditionen, Gegebenheiten und Zeiten unseres Alltags zu erinnern, um eine kulturbewusste Identität im Hier und Jetzt zu finden. Ihre Hauptthemen – Identität und Erbe –, kombiniert mit visuellem Geschichtenerzählen, bieten eine Möglichkeit, zurückzublicken und wieder zu erleben, was einmal war.

CLAIRE COOK
Illustratorin, Künstlerin

Claire Noelle Cook wurde in San Francisco geboren. Sie erhielt vor Kurzem ihren BA in Biologie und Geologie von der University of California in Santa Cruz. Seit sie klein ist, ist Claire als Künstlerin und Naturliebhaberin immer mit Skizzenbuch, Bleistift und Wasserfarben in ihrem Rucksack unterwegs. Die Academy of Science in San Francisco war eine ihrer ersten Inspirationsquellen, wo sie die Knochen von Dinosauriern oder die Flügel von Schmetterlingen zeichnete. Ihre Arbeit ist stark von dem japanischen Filmemacher Hayao Miyazaki beeinflusst, und ihr Stil hat sich zu einer Kombination aus Natur und Fantasie entwickelt.

Claire hat die grundlegende Haltung, dass buchstäblich alles, was sie lernt, für ihre Kunst in Betracht gezogen werden kann und wird. Sie beschäftigt sich ständig mit Geschichte, Biologie, Paläontologie, Mythologie und auch mit der Herstellung von Kostümen. „Was wäre, wenn …" ist für Claire eine grundlegende Frage, mit der sie das Leben betrachtet und die sie schließlich in ihrer Kunst als Antwort zum Ausdruck bringt.

Besonderer Dank an:

All meine Kochschüler aus fernen Ländern für ihre Begeisterung, ihr aufrichtiges Interesse und die vielen anregenden Gespräche, die wir über Esskultur geführt haben.

Anna Maria Heller für ihren großen Enthusiasmus und die Unterstützung dieses Projekts. Inés Lauber für die Inspiration und den fortwährenden ständigen Dialog über Esskultur, Kochen, Landwirtschaft, Gartenbau und Lebensmitteldesign.

Laslo Tot für seine ständige und begeisterte Bemühung, die besten Produkte zu besorgen, Sonderbestellungen zu machen, und dass er sich dafür begeistert, vergessene und qualitativ hochwertige Gemüse- und Früchtesorten zu entdecken.

Michelle Tarvidet für ihre Motivation, dieses Projekt ins Leben zu rufen; und unser leidenschaftlicher Austausch über Kochen und Esskultur – seitdem wir 18 sind.

Markus, der alle Projekte mit einer unbedingten Liebenswürdigkeit und ehrlichen Bewunderung unterstützt.

Charlie und Christa Guehrs, Mona, Sylvi und Tina Schulte-Huermann, Linda Karshan, Carrie Beehan, Gilla Lörcher, Caroline Bienert, Thomas Stammer, Kim Hammond, Glenn Kurtz, Natascha Stellmach, Gaby Hartel, Michaela Kunze, Werner Linster, Anja Schäplitz, Auritte Ross und Foster Goldstrom für kontinuierliche Motivation, Inspiration und Unterstützung.

IMPRESSUM

© 2022 Callwey GmbH
Klenzestraße 36
80469 München
buch@callwey.de
Tel.: +49 89 8905080-0
www.callwey.de

Wir sehen uns auf Instagram:
www.instagram.com/callwey

ISBN 978-3-7667-2587-5
1. Auflage 2022

Bibliografische Information
der Deutschen Nationalbibliothek

Die Deutsche Nationalbibliothek verzeichnet diese Publikation in der Deutschen Nationalbibliografie; detaillierte bibliografische Daten sind im Internet über <http://dnb.d-nb.de> abrufbar.

Dieses Buch wurde in CALLWEY-QUALITÄT für Sie hergestellt: Beim Inhaltspapier haben wir uns für ein MagnoMatt in 150 g/m² entschieden – ein matt gestrichenes Bilderdruckpapier. Diese Oberfläche gibt dem Inhalt einen edlen und hochwertigen Charakter.
Die Hardcover-Gestaltung besteht aus bedrucktem Bilderdruckpapier und wurde mit einer Blindprägung veredelt. Dieses Buch wurde in Deutschland gedruckt und gebunden bei optimal Media, Röbel/Müritz.

Viel Freude mit diesem Buch wünschen Ihnen:

Projektleitung: Amber Holland-Cunz
Autorin, Design: Kit Schulte
Übersetzung: Kit Schulte
Fotografie: Nora Novak
Illustration Lexikon: Claire Cook
Lektorat: Andreas Leinweber
Gestaltung und Satz: Karin Schulte-Huermann
Herstellung: Dominique Scherzer

Hinweis: Uns ist es ein Anliegen, dass sich alle Geschlechter wahrgenommen und wertgeschätzt fühlen. Im Sinne einer besseren Lesbarkeit der Texte verzichten wir jedoch auf die gleichzeitige Verwendung der Sprachformen männlich, weiblich & divers (m/w/d). Wo dies möglich ist, bemühen wir uns darum, alle Formen miteinzubeziehen oder um neutrale Formulierungen. Sämtliche Personenbezeichnungen gelten gleichermaßen maßen für alle Geschlechter.